3000万円を持っている人の投資術

町田健登　長野哲士　青木 龍
FP Sakiko　隆佑

マネジメント社

はじめに

本書では「3000万円」という額をひとつの基準とし、資産を有する〝富裕層〟の人が金融資産をどのように運用していけばいいのかについて、立場の異なる5名の専門家のアドバイスを紹介しています。

この場合の〝富裕層〟とは、特別な層の人を意味するのではありません。合計で年収が800万円を超えるカップルや親の相続で少しまとまったお金を受け取った人など、一般的に資産運用の知識が重要なみなさまのことを指します。

もちろん、現時点で3000万円の金融資産を保有している人だけが読者対象なのではありません。老後のために2000万円、あるいはそれ以上の資産を築いておこうと考えている人や、相続する予定がある人は、本書から得られるものが多いはずです。

本書の構成は次の通りです。

第1章：総論（FP：Sakiko）
第2章：日本株投資（日本株投資家：隆佑）
第3章：新興国株投資（フィリピン株投資家：町田健登）
第4章：不動産投資（不動産投資コンサルタント：長野哲士）
第5章：オフィスビル投資（オフィスビルコンサルタント：青木龍）

第1章から第5章まで、それぞれの投資分野で実績のある投資家の方に取材を行い、すぐに実践できる具体的なアドバイスとしてまとめました。

また、年代ごとに投資をどう実践すればいいのかについても記載しているので、すべての年齢の人に参考にしていただけます。

本書を通じて投資の疑問が解消され、将来の不安が少しでも軽減されるとしたら、本書の目的を果たしたことになります。

最後に米国株投資S&P500などへの投資の専門家には、今回あえてお声をかけませんでした。それは本書の企画段階の際、米国株は過熱気味で暴落のおそれがあるのではないかという懸念の声があったからです。現在米国株系への投資も流行しておりますので、もしその手法を学びたいと思われましたら是非とも本屋さんに足を運んでいただき、ご自身ではじめの1冊を選んでいただければと存じます。

ぜひ一緒に、楽しみながら学んでいきましょう！

総編集　山中　勇樹

■目次

はじめに　3

第1章　総論：現役FPが教える投資のキホン

これから資産運用をはじめようとする皆様へ　13
資産運用全体の戦略をどう立てるべきか　15
ライフイベントから見る日本人の投資　20
10万円が、いわゆる〝旅立ちの金額〟　24
複利効果で資産を増やす　27
少額から投資をはじめる大切さ　34
年代別の投資法（30～40代）　38
年代別の投資法（50～60代）　46
年代別の投資法（70代以降）　50

第2章　日本の個別株に投資してみよう

日本株投資のメリット・デメリット　57
日本株のメリット　59
年代別の投資法（30～40代）　62
年代別の投資法（50～60代）　82
年代別の投資法（70代以降）　93

第3章　新興国株投資（フィリピン株）

フィリピン株をおすすめする三つの理由　105
フィリピン株とは　110
日本株とフィリピン株の違い　114
フィリピン株のおすすめ銘柄　118
フィリピン株投資の注意点　123

年代別の投資法（30〜40代） 126
年代別の投資法（50〜60代） 134
年代別の投資法（70代以降） 139
フィリピンの定期預金は金利が高い！ 140
家族にお金を残すために 142
フィリピン不動産について 145

第4章　不動産投資

不動産投資の戦略 151
購入する物件の選び方について 157
3000万円を頭金にするケース 161
借金は大きければ大きいほどよい 164
7％の利回りは妥当か？ 166
物件を高く売るには 169
金融機関の探し方 172

年代別のおすすめ不動産投資法　174
マインド編　181
番外編　もし自由に使える3000万あったら自分ならどうするか？　184

第5章　オフィスビル投資

オフィスビル投資とは　191
オフィスビル投資の優位性について　194
分散させることのメリット　196
融資はどのくらい引けるのか　198
三拍子揃ったオフィスビル投資の利点　200
年代別オフィスビル投資法　203
40代からはじめるオフィスビル投資の要点　208
50～60代はオフィスビル投資で「株価対策」をする　210
70代以降は「相続対策」が基本　213

おわりに　217

第1章

総論：現役FPが教える投資のキホン

ファイナンシャル・プランナー　Sakiko

第1章部分を担当させていただきますファイナンシャル・プランナーのＳａｋｉｋｏと申します。３０００万円の金融資産をお持ちで、これから資産を防衛したり増やしていきたいと考える際、最低限知っておきたい基礎的な知識を紹介させていただきます。

第2章以降、さまざまな運用方法の専門家がご自身の立場で皆様へのアドバイスを書いてくれていますが、本章ではそのどれにも肩入れすることなく解説します。

これから資産運用をはじめようとする皆様へ

さて、まずみなさんが知っておきたいのは、リスクとリターンについてです。

突然ですが「振り子」をイメージしてください。振り子には「おもり」がついており、中心点から一定の範囲内でふらふらと揺れています。

その中心点が１００万円だとした場合、右の最大値である１０５万円や、あるいは左の最大値で

図１　リスクは振り子

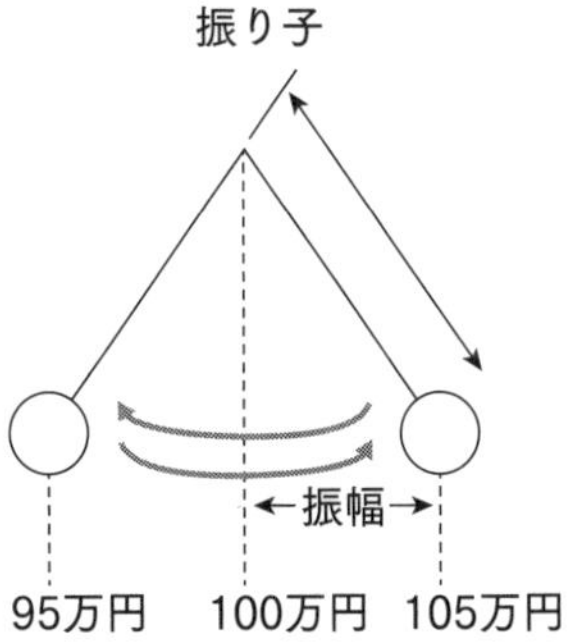

ある95万円に振れることがあります。

それが金融の世界における「リスク」のイメージです。統計学でいうところの「標準偏差（バラつきを表す値）」こそがリスク本来の意味です。

一般的に使われているリスク、たとえば怪我のリスク（危険性）とは少し意味が異なるので注意してください。

■リスク＝損失ではない

投資に慣れていない人ほど、「リスク＝損失」と考える傾向があります。

誰しも損はしたくないですし、できれば儲けたいと思っているので、ある意味では自然な発想と言えるかもしれません。

ただ投資においては、本来の意味でのリスク（＝振れ幅）を許容しなければ、リターンを得ることもできません。損をするのも儲けるのも、振れ幅があってこそです。

たとえば、１００万円投資すると、結果95～１０５万円になる投資と、80～１２０万円になる投資では、それぞれ振れ幅が異なります。

この違いをふまえて、前者を「ローリスク・ローリターン」、後者を「ハイリスク・ハイリターン」と表現します。

資産運用全体の戦略をどう立てるべきか

資産運用全体の戦略を考える際、重要なものに「ライフイベント」があります。人生の過程においてどのようなイベント（たとえば、結婚、住宅購入、退職など）があるのかをふまえ、投資の計画を立てていきます。

■資産運用を落ち着いて考えられるタイミングは少ない

厚生労働省の「人口動態統計（令和3年）」によると、日本人の平均初婚年齢は夫31・0歳、妻29・5歳とされています。

仮に平均値真ん中のカップルについて検討してみると独身の時代だった20代から移行し、30～40代は家族生活を基準として資産形成を検討していきます。

私がふだん相談を受けている中でも、30～40代の共働き世帯で、年収が共に1000万円近くかそれ以上ある人はそれなりにいます。

いわゆる「日本の身近なアッパー層」の方ですが、特徴的な属性としては東京23区に住んで家と車を買い、住宅を買う際は、両親からの援助も受けることが多いです。

したがって生活に余裕はありますが、投資や資産運用に関する知識はそれほどない方が多いようです。話を聞くと「預貯金じゃまずいよね」という危機感は持っているのですが、何からはじめればいいのかわからない状態です。

アッパー層を含む新婚夫婦のお金の心配事として、まず頭に浮かんでくるのはお子さんにかかる費用でしょう。

たとえば幼稚園から大学まですべて私立を選択した場合は2200万円以上かかると試算されていますし、小学校だけ私立でも約880万円かかります。子供が複数人いたらそれだけお金がかかる計算です。


共働きでバリバリ稼いでいる夫婦でも、お子さんが生まれたときは産休や育休を取ることになり、そのあいだは収入が減ります。

そうして子育てに追われて、資産運用について考える時間はさらになくなります。そのため、漠然と教育費を不安に感じている状況です。

子ども部屋の必要性を考慮するとむしろ住宅購入を検討せざるを得なくなるなど、別の観点から出費がかさむことが往々にしてあります。


さらに投資をはじめてみても、すぐに成果が出るわけではありません。そのため「家族のことを考えてとりあえず保険に入るか」となるパターンが多いのです。

保険、住宅ローン、教育費……。それらが重なって対処に苦労しながら、どうにか住宅ローンを返し終わった頃には、もう定年が近づいてきます。

■どこに投資のチャンスがあるのか？

とくに苦しいのが40代後半から50代前半くらいでしょう。教育費を捻出しながら住宅ローンを支払わなければならないからです。

さらに食費も増えて塾などの支出も必要となり、アッパー層でも、費用をどう捻出するのかを考えなければなりません。

本来であれば、その少し前の30代くらいのとき、つまり収入が支出を上回っている「第一次貯蓄期間」に資産運用を考えておくことが求められます。

そこでいかにお金を貯めるか、あるいは資産を増やしていけるかによって、住宅ローンや教育費への対応も変わってくるのです。

ＦＰの一般的なアドバイスとしては、王道の投資信託で積み立てていく方法が示されがちです。「ドルコスト平均法（毎月同じ銘柄を同じ額で積み立てていく方法）で毎月無理のない範囲ではじめましょう」という具合です。

ちなみに老後資金に関しては、子どもたちが巣立っていく50代半ば頃に少し余裕が出てくる「第二次貯蓄期間」があります。

そこからは、老後のことを考えて、自分たちの老後資金をつくることにウエイトを移します。

ただし、残された時間はそれほどありませんし、「子供の世話にはなりたくない」と思うのなら、老人ホームなどの入居施設も検討しなければならず、老後のための資産形成もまた容易ではありません。

ライフイベントから見る日本人の投資

ライフイベントから考えていくと、日本人の多くは高いリスクを取れるタイミングが少ないことがわかります。

それで結果的に、お金に対する思考が保守的になってしまうわけです。

ここに、日本人の投資に対するメンタル的な特徴があります。

いくら証券会社の人が「これからは運用していかなくちゃダメですよ！」「金利はほぼゼロなので投資しましょうよ！」と言ってもなかなか響きません。

将来が不安でそれどころではないのです。

だから「2000万円問題」が広く報じられても、「それなら投資をはじめなくちゃ！」というよりは「足りないだって？　政府はどうしてくれるんだ！」という気持ちになりがちです。

その理由は、日本人が置かれている状況にあるのです。

昨今では、金融界隈で「新ＮＩＳＡ」の話題が盛り上がっていますが、生活者の感覚からするとズレていると言わざるを得ません。

そうした状況をまず理解して、投資を自分事化していただきたいのです。

■ストックとフロー

以降の理解を深めるために、ストックとフローという経済用語を解説しましょう。

「お金持ち」と聞くと、具体的にどんな人を想像しますか？

毎月の給料が２００万円の人でしょうか？

総資産が5億円の人でしょうか？

もちろんどちらの人を想像しても正解です。

しかしこの2名は、ストックとフローという性質の違うお金持ちです。

- フロー（flow）：一定時間の増減量（収入や支出など）
- ストック（stock）：一定時点の残量（預貯金や不動産など）

つまり、毎月の収入が多い人は、フローが大きいお金持ちです。

総資産が大きい人は、ストックが大きいお金持ちです。このストックとフローという言葉を理解していただいたうえで、この先を読み進めてください。

■ストックを使って、フローを生み出す

老後における資産形成の基本は、両親の相続財産などに頼るのではなく、自立的につくることです。

そのときに、「ストックがあるかどうか」で大きな差がつきます。

たとえば3000万円のストック（資産）がある人であれば、毎月の給与収入（フ

ロー）を仮にすべて使ってしまっても、資産運用によってフローを生み出すことができます。毎月の積み立ては、必ずしも必要はありません。より資産を増やせるようなポートフォリオ（資産の組み合わせ）を組めばいいだけです。

ある程度大きな規模のストックからは、毎月の生活費となるフローを生み出すことができます。

毎年1万円を5％で運用しても500円にしかなりませんし、そこから税金も引かれるので、何十年続けても大きなストックにはなりません。一方、3000万円を5％で運用できれば、150万円を生み出すことができます。年金に加えて毎年150万円の固定収入があれば、安定した楽しい生活が送れると思いませんか？

だからこそ、ストックを作るために投資や資産形成をすることが大切です。

10万円が、いわゆる〝旅立ちの金額〟

私は、投資初心者の方に対しては次のような提案をしています。

現時点でフローやストックがどのくらいあるのかは関係ありません。積み立てにしろ個別株の運用にしろ、自分なりのポートフォリオをつくることを目指します。

そのうえで、まずは10万円用意してください。

その10万円が、いわゆる〝旅立ちの金額〟となります。

もちろんストックに余裕がある人は、1つゼロを増やしてもかまいません。いずれにしても、最初の一歩を踏み出す金額を自分に合ったものに寄せていくことが、投資を身近なものにするコツなのです。

結局のところ、本書のテーマである「3000万円投資」も「2000万円問題」も、その数字をちょっと変えただけの話です。

そうすると、「3000万円なんか自分には関係ない」という発想が変わり、「10万円からはじめてみよう！」と考えるようになり、できることからスタートできます。

■簡易的なポートフォリオを作ってみよう

「どの株を購入したらいいですか？」というのは、私がよくさわる質問です。しかし、投資の本質はそこにはありません。

「どの株を購入するのか」ではなく、「自分にとっての10万円をどう運用するのか」を考えることが資産運用の第一歩です。

10万円であれば、ゼロからポートフォリオを考えるのではなく、投資信託でインデックス投資を行うのが王道となるでしょう。

代表的なものとしては、日経平均やTOPIXに連動したものや国内債券を組み込んだもの、さらには全世界の株式・債券を含む「オール・カントリー（オルカン）」などもあります。また、日本を除く先進国の株価動向を示す「MSCIコクサイ・インデックス」などもインデックス投資の代表です。

これらの金融商品をもとに、4分法でも5分法でもいいので、簡易的なポートフォリオを描いてみます。

「投資先について勉強する」というと少し難しく感じられると思いますが、「ポートフォリオをつくる」ならなんとなくできる気がしませんか?

「日本株の代表は……」「日経平均の特徴は……」となるとウンザリする人も多いので、まずはハードルを下げて、簡易的なポートフォリオをつくってみましょう。

複利効果で資産を増やす

投資をして「収益」が出た際に知っておきたいのは「複利」のパワーです。

複利は、利子を元本に組み入れて再投資し、その合計から利益を得ることです。

１００万円を５％の金利で運用した場合を考えてみましょう。

１００万円を「単利」で運用した場合、つまり収益は投資に回さず使ってしまった場合、毎年５万円ずつ増えます。10年後には資産が１５０万円になります。

一方で、１００万円を「複利」で運用すると、10年後には約１６３万円になります。

投資で得た収益分配金を使ってしまうのではなく、再投資したほうが資産が早く増えていくとわかります。

預貯金の場合は金利が少ないのでここまでの差にはなりませんが、年利5％程度の運用商品であれば、収益分配金を再投資していくことで資産は雪だるま式に増えてきます。

このように、複利の威力を実践の中で認識することが大切です。

数年単位ではあまり実感でき

No.	年数	元利合計	利息	実質金利
1	1年目	1,050,000	50,000	5%
2	2年目	1,102,500	102,500	10.25%
3	3年目	1,157,625	157,625	15.7625%
4	4年目	1,215,506	215,506	21.5506%
5	5年目	1,276,282	276,282	27.6282%
6	6年目	1,340,096	340,096	34.0096%
7	7年目	1,407,100	407,100	40.71%
8	8年目	1,477,455	477,455	47.7455%
9	9年目	1,551,328	551,328	55.1328%
10	10年目	1,628,895	628,895	62.8895%

出典：https://keisan.casio.jp/exec/system/1248923562

ない差も、10年経ったら違いは歴然です。たとえば11年目を考えると、163万円に5％の金利がつく再投資と、相変わらず100万円に5％の金利しかつかない単利では、その差は一目瞭然です。

この複利効果を活用しながら資産を増やしていくことが投資の醍醐味です。ここに預貯金とは異なる魅力があります。

リバランスによって「高く売って安く買う」

投資のポートフォリオに関しては、「アセットアロケーションをどうするか?」というのが定番の話題です。

アセットアロケーションとは「運用する資金を、どのような割合で投資するか」を決めることです。よく目にするのは、図2のようなバランスです。

この段階まで資産形成を理解できたら、次に考えたいのは「リバランス」についてです。

半年ないし1年、2年と投資を続けていくと、

図2　アセットロケーション

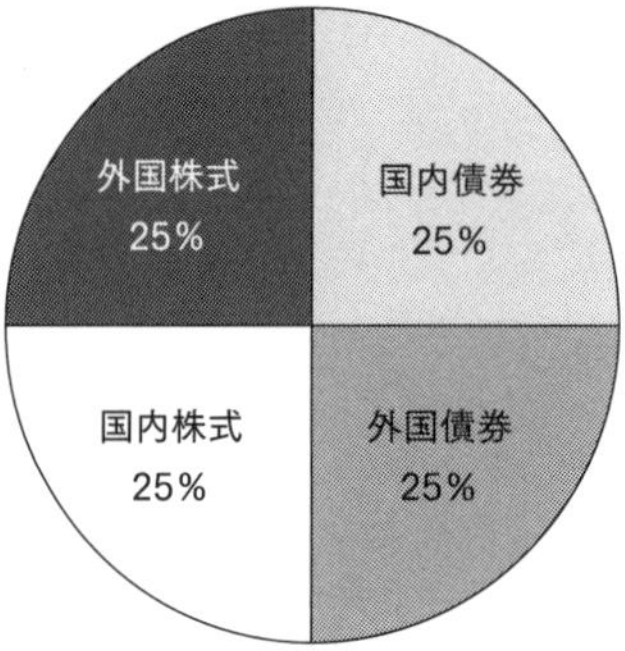

徐々にアロケーションがズレていきます。株価が上がれば債券価格が下がるのが一般的だからです。

そのズレを元に戻していくことをリバランスと言います。

具体的に図3のケースでは、株価が上がった株式を売り、値段が下がって割合が減ってしまった債券を買います。

このリバランスは、「値段が上がった高いときに売って、安いときに買う」行為に他なりません。つまり投資の超基本であり、かつ王道です。

そしてさらに1年寝かします。それを繰り返していくことこそ、真の「ほったらかし投資」と言えるのです。

なんとなくの気分で売ったり買ったりすると、

図3　リバランス

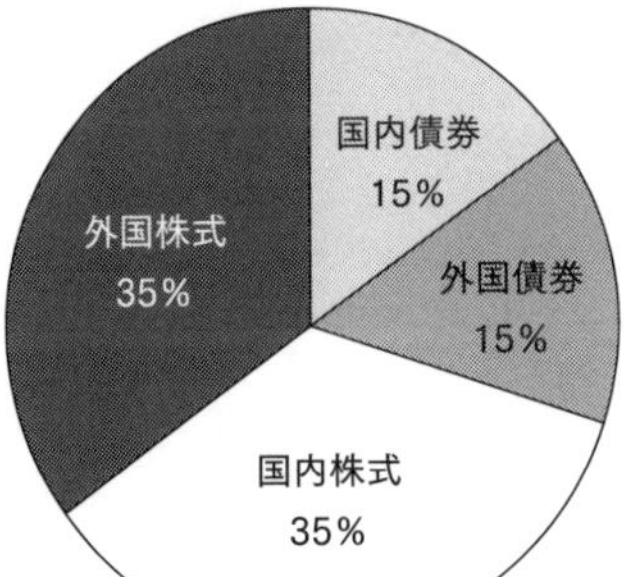

素人の多くは「高く売って安く買う」の逆をしてしまうものです。

そこで、変に天邪鬼《あまのじゃく》になって行動するのではなく、投資の仕組みをつくってしまうこと。仕組みをつくって資産形成を行い、結果が出てくると、投資が非常に面白くなります。

■小さくはじめて継続する

投資に慣れてくると、投資信託よりも個別株のほうがリターンが高いことに気づきはじめます。

さらには外国株や不動産など中上級者向けの次のステップに進むこともできます。

そのようにして資産を増やしていき、まとまったお金がつくれれば、インデックス投資に戻ってもそれなりの収益を得られるようになります。

投資に終わりはありません。レベルを上げれば上げるほど、できることが増えていきます。

具体的な方法論については、本書の第2章以降で解説している専門家のアドバイスを参考にしてみるとよいでしょう。

いずれにしても、小さくはじめて継続していくことによって、投資に関するさまざまな可能性が広がっていくということはぜひ認識しておいてください。

少額から投資をはじめる大切さ

たとえ余裕資産が3000万円あったとしても、初めての投資で一気に資金を投じてしまうのは危険です。

トレーニングのつもりで少額からスタートするのが基本です。実践の中で学びがありますし、考え方や価値観も徐々に固まってくるからです。

トレーニング期間を経たあとに、家族構成や老後の計画など、それぞれの立場から投資によって実現したいことを見極めながら、運用額を大きくしていくとよいでしょう。

加えて「日本株」「外国株」「不動産投資」「オフィスビル投資」なども本書で学

び、自分に合ったものをポートフォリオに組み込んでみることをおすすめします。

■現金はいくらあればいいのか？

最後に「現金はいくら持っておけばいいのか」についても触れておきましょう。

結論から言うと、置かれている状況によって異なります。

夫婦だけであれば、預金は100万円ほどでいいでしょう。ただ、子どもが生まれたらもっと用意しておきましょう。最低でも倍の200万円はすぐに引き出せる普通預金に入れておくと安心です。年代によっても捉え方は異なります。

預金は、自由に使えるのが最大の利点です。

すべてのお金を投資に回すのではなく、預金と投資で分けておくことも、資産形成における重要なポイントです。

投資についてもそうなのですが、「自分にとって現金は必要か」を他人の意見だけで決めてしまう人は、お金を扱うことに向いていないかもしれません。

厳しいようですが、ライフステージ・家族の状況・住んでいる地域や職業などあなたの状況を鑑みて、最終的には自分で考えて決めなければなりません。

ただし、そのためのヒントはたくさんあります。それらのヒントをもとに、自分の置かれている状況に応用して、自分で決めていくことが大事です。もちろん、プロのファイナンシャルプランナーに相談するのもひとつの手です。

つまり、たくさんの情報を参考にしつつ、それらを「いかに自分に当てはめて考えられるか」ということですね。

それが資産形成の第一歩でもあるのです。

子供の教育費や住宅、老後など、人によって何を重視するのかは異なります。その判断基準は、その人にとっての〝価値観〟と表現してもよいでしょう。

■投資がうまい人ほど税金に詳しい

補足として、「税」に詳しいこともまた投資においては有利になります。

たとえば株や投資信託への投資から得られる利益の約20％は税金で取られてしまいます。資産運用が上手な人ほど税についてよく勉強しています。

投資をする際は、税引き後どれだけ手元に利益が残るかという発想が基本です。こうした考え方も投資を続けることによって自然に養われてくると思います。

あとは、「金銭の時間的価値」についてもそうです。

5年後の100万と今の100万では価値が違います。だからこそ、長期投資をしたときにどれほどの魅力があるのかを検討しておく必要があります。5年後にお金が増えるよりも、今100万円使った方が人生が豊かになるならば、今使うべきでしょう。

いわゆる家庭の投資からスタートして金融やファイナンスの分野にも興味が出てきた人は、ぜひ専門書で学んでみてください。

第2章からは実践編になります。本章で学んだことを頭の片隅に置きながら読んでいただき、かつ実践していただければと思います。

【年代別の投資法（30～40代）】

本書では第2章以降、個別の株式投資や海外株、不動産などと各種専門家のアドバイスやコツを紹介しますので、本章では第2章以降にあまり話題にならない投資信託の話を中心に語らせていただきます。

30～40代ですでに3000万円お持ちで、あまり個別株やローンを組んで不動産を買いたくないとお考えの方に残された選択肢として一番有力なのは、投資信託を活用することでしょう。

■NISAを最大限活用する

2014年1月に、NISA（小額投資非課税制度）がはじまりました。そして2024年には制度が変わり、いわゆる新NISAが始まっています。今後またNISAのルールが変わることは十分考えられますが、いったん現状のルールが継続するものとしてご提案します。

いわゆる新NISAでは、成長投資枠で240万円、積立投資枠で120万円までの投資が非課税になります。そして合計で1800万円（うち成長投資枠は1200万円）までは、非課税で投資信託を保有できます。

30〜40代（50〜60代も）の方は、この新ＮＩＳＡを最大限まで活用することをおすすめします。まずは年３６０万円×5年間は長期保有したいと思える銘柄をしっかりと買い増していきましょう。

ここからは、ご存じの方は読み飛ばしてください。

成長投資枠とつみたて投資枠の違いについて説明します。

■つみたて投資枠は、個別株やリスクが高い商品などは購入することができない

つみたて投資枠とは、「販売手数料がゼロ」「信託報酬が一定水準以下」など国が定めたおすすめ条件を満たした商品を、毎月最大10万円を積立方式で購入することしかできない、使い勝手の悪い制限がかかったＮＩＳＡ枠のことです。

一方成長投資枠は、トヨタやマクドナルドといった個別の銘柄やリスクが高い投資

信託なども購入できます。また購入方法も1回の取引で240万円全額購入することもできます。

投資上級者で投資信託に興味のない方などは、成長投資枠しか使わないという方もいらっしゃいます。

■どんな銘柄がおすすめ？　つみたて投資枠編

ここからが本題で、皆様が一番知りたいであろう投資信託の銘柄の選び方について、説明しましょう。個人的な意見として参考にしていただければと思います。NISA口座は、SBI証券や楽天証券、松井証券やauカブコム証券などネット系を選択している前提でお話しします。

30～40代の方は、大きく資産を増やすことを狙える年齢です。つまり大きくリスクを取るべきです。その観点でおすすめなのは新興国系の投資信託です。

基本的に経済というものは、人口が増えれば大きくなっていきます。日本や中国など高齢化社会に突入してしまった国の経済は、簡単に大きくなるものではありません。

銘柄名で申し上げますと、**「新興国株式インデックス」「新興国株式」**などの言葉が入っている投資信託がよいでしょう。また、債権の比率は小さいもの、できれば株式だけで構成されている商品がよいでしょう。

債権はリスクが小さい商品、株式はリスクが大きい商品です。

ここでは長い目で見て大きく伸びる可能性が高い商品を選択したいので、リスクを積極的にとっていきます。

「インド株式」など新興国の名前が入った投資信託も同様に選択肢に入ってきます。

証券会社によって取り扱っている投資信託のバリエーションは異なりますので、ご自身の証券会社のウェブサイトなどで検索してみてください。

■どんな銘柄がおすすめ？　成長投資枠編

成長投資枠では、購入できる商品の枠がぐっと広くなります。

そのため、より大きく稼げる商品を購入するチャンスがある一方で、ハズレの商品をつかんでしまう可能性も高まります。

もし正しい商品を選ぶ自信がなければ、つみたて投資枠で購入できる商品の中から選んでください。つみたて投資枠で購入できる商品は、国のおすすめ条件を満たしている商品であるので、適当に選んでもそれなりにいい結果を得ることができます。仮に、つみたて投資枠で新興国系の投資信託を選んだのならば、同じような商品にはせず、先進国株式や日本株式、もしくは債権と株式にバランスよく投資できる「バランス型」の商品の中から選んでみてください。

これらの商品については、どの証券会社でも人気ランキングを発表しています。ランキング上位の商品であれば、投資信託の純資産額が大きいのでおすすめできます。

では、せっかく選択肢が多いのだから、少し欲張って大きく利益を増やしたいと考える皆様向けに、一歩踏み込んだアドバイスをさせていただきます。

成長枠投資では、ＲＥＩＴ（リート）と名の付く商品にチャレンジすることをおすすめします。ＲＥＩＴとは、日本語にすると「不動産投資信託」であり、要するに不動産に投資する商品です。

不動産投資の専門家の先生は第4章と第5章にそれぞれいますので、詳しい話はお譲りしますが、不動産投資は安定感が抜群によいことが特徴です。

通常REITが投資対象とするのは、私たち個人が借りているアパートなどではなく、巨大なオフィスビルやアマゾンなどの巨大企業が利用する倉庫のような不動産です。そういった不動産は、一人で購入しようとすると100億円以上かかってしまいますから、誰でも気軽に投資対象として選ぶことはできません。しかしREITなら、そういった不動産に少額から投資ができます。

そもそも不動産投資は、中リスク中リターンと言われますので、大きなリスクは負いたくないけれど、着実に増やしていきたいという方に適した商品ではないかと考えます。

REIT商品の選び方も他の投資信託と同様で、なるべく純資産額が大きいものを選ぶとよいでしょう。そういった商品は必然的に人気ランキングの上位にありますので、1~5位ぐらいまでの商品を見比べて、「右肩上がりに価値が増えているか」「信託手数料が他の投資信託と同等もしくはそれ以下か」などを検討して選ぶのがよいでしょう。

■残りの1200万円は何に投資するべきか？

どのような経緯で3000万円を貯められたのかによって、アドバイスが大きく異なりますが、もし皆さまが投資初心者であるならば、5年間は投資はせず、現預金として持っておいてください。

そして5年後になったらもう一度運用について考えみましょう。本書をもう一度読み返してみてもよいでしょう。投資歴が0年と5年では大違いです。ピアノで例えるなら、「猫踏んじゃった」を弾けるだけなのか、両手を使ってお気に入りの曲を10曲弾けるのかぐらい違います。もちろん、本書を読んだ時の感想や学びも大きく違うでしょう。

そのときにぜひとも考え直してみてください。

もしあなたが投資経験豊富で、資産運用をしながら3000万円まで増やしたという経緯があるなら、個別株や海外への投資、不動産投資などを検討してみましょう。

これまでは、インデックスファンドやつみたて方式でのみ増やしてきたという人は、一歩踏み出してみてもよいでしょう。

年代別の投資法（50〜60代）

人生100年時代と言われていますので、50〜60代でも正直30〜40代とほぼ同じような投資手法を採用しても全く問題ありません。それほどまでに残された時間は長いと言えます。そのため基本戦略は、3000万円のうち1800万円は、NISAを利用して比較的積極的に運用し、1200万円は元本保証のある商品で運用してもいいですし、より積極的な方法を採用してもよいでしょう。

■どんな銘柄がおすすめ？　新NISA編

30～40代の方よりも債権比率を増やして投資することをご提案します。具体的には、ファンド名に「バランス（8資産均等型）」「バランス（4資産均等型）」や「株式重視型」などと入っている商品を選択します。検索キーワードにバランスなどと入れて探してもよいでしょう。

債権は株式よりリスクが低いことを利用して、債権が組み込まれた投資信託を購入します。株式相場が落ち込むと債権相場が上がるというトレードオフの関係にありますので、その観点からも価値が落ちにくく、より安全に投資できます。

リバランスによって、「高く売って安く買う」という見出しでもご紹介しましたが、さまざまな商品がバランスよく配置された商品を購入すれば、そもそも4種類や8種類の商品を買わなくても似たような効果を得ることができます。

考えるべきは、リスクという振り子をどれぐらいの大きさで振りたいかです。そして思考のヒントとして、若年層は大きなリスクを取ることが推奨されていて、年を重ねるごとに小さなリスクにするべきということです。

■どんな銘柄がおすすめ？　ロボアドバイザーを活用してみる／対面型証券会社を活用してみる

REITに挑戦していただいてもよろしいかと思いますが、同じことを申し上げても面白くないので、より50～60代の皆様におすすめしたい手法をご紹介します。

それはロボアドバイザーの活用です。

ロボアドバイザーとは、AIが自動で運用してくれるサービスです。とくに難しいことを考えなくても、AIが勝手に運用してくれますので、勉強の必要もなく気軽に投資額を増やすことができます。どのネット系証券会社でも提携しているロボアドバイザーサービスがありますので、お使いの証券会社と提携しているサービスを活用してみてもよいでしょう。

また、対面型の証券会社を活用する手法もおすすめです。

ネット型の証券会社は、口座開設も含めてインターネットを活用して行う必要があります。少しストレスを感じる方もいるかもしれませんが、対面型の証券会社であれば、店舗に足を運ぶことで口座開設ができますし、購入するべき商品も電話で相談できます。

質問をすれば、「金《きん》」などの現物資産への投資などもアドバイスしてくれます。「よくわからないから、適当に投資する」というのは一番よくない投資です。

ＡＩでも証券会社の営業さんでもよいので、アドバイスを受けながら投資をするという選択をしてください。

年代別の投資法（70代以降）

ＦＰの一般的な立場では、70代で年金がしっかりもらえて、かつ３０００万円以上の資産をお持ちであれば、正直資産運用はそれほど頑張らなくても十分楽しく暮らしていけます。

したがって、「どう増やすか」という観点よりも、「どう減らさないか」を重視して考えるべきです。その観点で通貨分散の提案をさせていただきます。

①資産は円とユーロと金《きん》で持つ

今ある資産を減らさないようにすればいいなら、銀行の定期預金に入れておけば普通預金よりも金利は高いし、契約額に応じたクオカードやポイントがもらえるから、「それでいいのではないか」と考えてしまうかもしれません。

しかし、私はそれでは不十分と考えています。それでは日本の円という通貨の一本足打法になってしまっているからです。円の価値が大きく下がってしまうと、あなたの資産は目減りしてしまいます。それを避けるためには、「資産を外貨で持つこと」「資産を現物で持つこと」という二つの視点が大切です。

ただ、外貨といっても国の数だけ通貨がありますので、どれがいいか迷われるかもしれませんが、私はユーロをおすすめしています。

ユーロである理由は二つあります。

一つ目は、米ドルは知らず知らずのうちに持っていることが多いことです。生命保険が米ドル建てになっていたり、オールカントリーという世界全体に投資できる投資商品の中身をよく見てみると、運用対象が米国にかなり寄っていることが多いのです。つまり、多くの資産をお持ちの方は、多くの場合、知らず知らずのうちに米国系の資産をお持ちなのです。

二つ目は、米ドルを除いた通貨で流動性が高く安定した価値があるのはユーロであることです。世界三大通貨はご存じでしょうか。米ドル、円そしてユーロの3種類の通貨のことで、他の通貨に比べて信頼性が高いと言われています。

流通している国も多く、欧州全体で管理しているので、大きく価値が下がるとヨーロッパ諸国を中心に大きな打撃となります。したがって、価値が下がりにくい通貨と言い換えることができます。ユーロの価値が下がると困る人が多すぎるのです。


次に現物資産の金《きん》について説明します。

金《きん》は、言うまでもなく現物資産として最も一般的です。

金《きん》の大きなメリットは、大きく二つあります。

一つ目は、需要が大きく、いつでも簡単に換金できるという点です。

二つ目は、円やユーロなどの通貨が大暴落した時に、価値を大きく伸ばすという性質があることです。


上記の特徴を鑑みますと、日本円とユーロと金《きん》の三つの資産をバランスよく持つことで、「資産を減らさない」という最も大切なことは実現できるでしょう。

【Profile】

FP Sakiko

「原則日本人に、保険はいらない」「盲目的なインデックスファンドへの投資推奨は、顧客のためにならない」「都心に住むなら、賃貸で十分」。顧客の家計を見直して、しっかりと資産運用ができる体質改善を促す独立型ファイナンシャル・プランナー。

執筆や講演の依頼はこちら。

fpsakiko@gmail.com

第２章

日本の個別株に投資してみよう

個人投資家　隆佑

みなさんはじめまして。個人投資家の隆佑と申します。都内の一般企業に勤めるかたわら、個人で投資も行っている兼業サラリーマンです。投資歴は15年、30万円からゆっくり増やして総資産は約7000万円です。

2021年に出させていただいた書籍『株は1点張りが一番稼げる』（ビジネス教育出版社）のご縁で本書のインタビューを受けることになりました。

お仕事をされている方、忙しくて投資に時間をかけられない方でも真似できる方法をお伝えします。少しでも参考になれば幸いです。

日本株投資のメリット・デメリット

まずは日本株のメリットとデメリットを整理しましょう。私の性格上、デメリットからお話させてください。日本株の主なデメリットは、次の二つです。

①日本経済は緩やかに弱くなっており、これからもその傾向は続くこと
②暴落や倒産によって、資産がゼロになってしまう可能性があること

①については、日本は労働力人口が減少していること、新しい産業への投資が十分に行われていないこと、出る杭が打たれ（場合によっては逮捕されてしまう）国であ

ること、能力に見合わない人が高いポストに居座る傾向にあることなど、経済全体が弱くなる構造的な理由が複数あります。

これらの問題は政治などにも関わってきますので、これ以上の言及は避けますが、2025年現在、これらの問題が解決される兆しがありませんので、日本経済が徐々に弱くなっていくことは、仕方のない事実として受け入れるべきでしょう。

この点、第3章でお話してくださる町田先生の専門は、フィリピン株ということで、日本とは逆のことが言えます。国として成長していますので、何も考えずに購入するなら日本株よりもフィリピン株の方が勝率は高いと思います。

次に②について。これからお話しする個別株は、倒産や上場廃止リスクがあります。投資信託（たとえば、いま流行りのS&P500やオールカントリーなど）は、それ自体が倒産して価値がなくなるということは考えられません。2009年のリーマンショックでは多くの企業が倒産しましたが、投資信託全体で見れば、40%程度の下落率のものが多かったように記憶しています。100万円を倒産した個別株に投資していてゼロになっても、投資信託に投資していれば、60万円は手残りしたでしょう。

日本株のメリット

次にメリットですが、本書でお伝えしたいのは次の3点です。

①知っている企業が多い。情報が集めやすい
②株主優待が無駄なく使える
③世界的な企業が存在しているので、比較的手堅い銘柄選択も可能である

①は当たり前ですがとても大切なこと

株式投資では「安く買って高く売る」ことが大切ですが、「今が安いのか？　それ

とも高いのか?」を見極めるのがすごく難しいことが、投資に失敗してしまう理由です。どのように見極めるのかは、専門家によってさまざまな意見がありますが、情報収集が大切なことは直感的にわかるはずです。

皆さんは日本にいて、日本のスーパーに行って日本のテレビを見て、日本人と一緒に働いていますよね。これは海外の投資家が持っていない大きなアドバンテージの一つです。情報番組で、「バナナが健康によい」と特集されていた翌日スーパーマーケットからバナナが消えるといった現象は皆さんも経験があるのではないでしょうか。仮にバナナではなく、まいたけだったらどうでしょう? 雪国まいたけ(1375)の商品がよく売れて、株価も上がりそうではないですか。

②株主優待が無駄なく使える

本書のテーマは、世代を三つに分けて(30〜40代・50〜60代・70代以降)投資の手法を考えますが、そのうちの50〜60代の項で詳しくお話させていただいております。株主優待の具体例については85ページ〜をお読みください。

③世界的な企業が存在しているので、比較的手堅い銘柄選択も可能である

日本は徐々に弱っているといってもまだまだ世界3位か4位の経済大国です。優秀な経営者が優秀な人材を集めて経営している世界的な会社も多くあります。

たとえば、トヨタ自動車／ユニクロ／セブンアンドアイホールディングス（セブンイレブン）などは、海外旅行してみるとわかりますが、いろんな国に根付いています。それぞれが日本だけでなく、各国の生活を支えている企業ですので、そう簡単に潰れません。

にもかかわず、さまざまな要因で株価は上下していますので、こういった世界的企業に絞って投資するならば、比較的手堅く個別銘柄の投資を経験することができます。

年代別の投資法（30～40代）

3000万円の資産を保有していることを前提に、年代ごとにどのような投資法がおすすめなのかについてお話していきます。

まずは30～40代の方です。

30～40代の方は、まだ年齢的にも若いので、比較的リスキーな投資ができます。リスクも大きく、夢も大きくです。

ただ、投資の目的をどこにおくのかによって手法は変わります。

「3000万円を1億円にして、FIREしたい」なのか、あるいは「着実に増やせればいいかな」という方もいるでしょう。

このうち「着実にやっていきたい人」、つまり守備的な意識が強い人は、50〜60代や70代のエリアでもお話しているので参考にしてみてください。

ここでは、「3000万円を1億円にしてFIREしたい」という方に向けて話をしていきます。

■なるべく早く1億円をつくるには

「3000万円を1億円にしたい！」というスタンスを前提とした場合、最初に申し上げておかなければならないのは、「みんなと同じことをやっていたら、みんなと同じになるよ！」ということです。

たとえば40代ですでに資産が3000万円ある方は、相続などの特別な事情がない限り年収が高い方か、あるいはコツコツ頑張って貯金してきた方ですよね。

単純計算でも、新卒からスタートして毎年100万円貯金できたとしたら、40代前半で2000万円ぐらいの資産になります。仮に配偶者も夫婦共働きで同様に行っていた場合、3000〜4000万円ぐらいあってもおかしくないでしょう。

もちろんそれは計算上のことで、実際にはいろいろな出費（結婚や出産、育児など）があるのでなかなかその通りにはいきませんが、少なくとも非現実的な数字ではありません。

そのような方が、3000万円を1億円にするにはどうすればいいのでしょうか？これまでと同じ方法では、20年経っても6000万円にしかなりません。

ゆっくり時間をかけて、それこそ80歳とか90歳までに1億円にすることはそれほど難しくありません。事実、投資家のウォーレン・バフェットさんも「ゆっくりお金持ちになるのはたやすいが、手っ取り早くお金持ちになるのは極めて難しい」と述べているように、長期で資産を形成することの難易度は高くないのです。

問題は、できるだけ早く増やしたいと思うなら、今とは異なる戦略と多少リスキーな選択が必要になるのです。

そこで大事なのが、冒頭の「みんなと同じことをしていたらみんなと同じになる」という発想です。

そこで私が実践したのは、日本株への集中投資でした。

集中投資のデメリットは、大きなマイナスを生む可能性があるということです。一方でメリットとしては、分散投資よりも伸び率が大きいことであり、ちゃんと上がる株を購入すれば資産は一気に増えていきます。

当たり前ですが、どの株を選ぶのかによって資産形成の速度が決まるということです。だから何を選ぶのかが大切です。

■上がる株を見つけるのは、難しい。だから戻る株を買う

では、どんな銘柄を買えば「みんな」と差別化できて、かつ大きな利益を生み出しやすいのでしょうか。もちろん、株価が短期間で上がる株です。ただ、私の能力ではその銘柄を見つけることができませんでした。

そこで目をつけたのが、株価がいったん下がったけれど、戻る株です。

企業は人生と一緒で山あり谷あり。当然株価も山あり谷ありです。10年20年と長いスパンで見たときは右肩上がりの銘柄であっても、事故や不祥事などで一時的に株価が大きく下がることがあります。その銘柄がこのまま落ちて倒産していくのか、はたまた少し待っていれば復活するのかそれだけを見極める。これだけならなんとか自分でもできそうと思い実践しています。

さらにもう一つメリットがあります。それは株価がいくらになったら売ればいいか明確なのです。それは、事件や事故が起こる前の株価が一つの基準となります。上限が決まっている分、利益確定のタイミングが明確です。

■日本国として潰れたら困る会社を狙う

経済学の用語に「公共財」というものがあります。

公共財とは、「多数の人が制限を受けることなく消費でき、ある人の消費が他の人の消費を減少させることのない財やサービス」のことです。

具体的には、警察や消防などの公共的なサービスがその代表です。すべての人が同じようにサービスを受けることができます。

その意味で言うと、「電気」というサービスは、基礎的なインフラという意味では公共財の要素があります。

ならば、「東京電力（9501）が潰れてしまうと困る人が何十万、何百万人もいるのではないか」という発想が生まれます。

これを投資に置き換えてみると、「東日本大震災によって東電の株は一時的に落ちているが、潰れることはなく、そのうち回復するだろう」となるわけです。もしもの場合でも、何らかの救済措置が期待できます。

2011年2月18日時点で1株2158円だった株価は、東日本大震災の影響で5月20日に367円になり、6月10日は190円になりました。私が買ったのは300円代だったのですが、それでもその後は順調に回復し、すぐに600円代まで戻しています。

■「紅麹問題」で小林製薬の株価はどうなったのか

ご存知の通り、小林製薬は2024年に大きな問題を起こしました。同年3月、「紅麹（べにこうじ）」を含むサプリメントを摂取した人が腎臓の病気などを発症し、死亡者も出るなど、深刻な健康被害につながったのです。

当然、株価も急落しました。3月22日時点で6056円だった株価は、週明け25日には5056円になり、27日には4875円と4千円台にまで落ちてしまったのです。

小林製薬は「公共財」ではありませんが、歴史があって社員も多く、グループ企業をはじめとする関係者や関係企業もたくさんいます。

事実、スーパーやドラッグストアなどでも、同社の商品を目にすることは多いはずです。

したがって、発想としては「そう簡単に小林製薬が潰れることはないだろう」「もしかしたらチャンスかも知れない」と考えることができます。もちろん、そう考えられるのは、皆様が日本のドラッグストアによく買い物に行き、小林製薬の商品がたくさん並んでいるのを知っているからできることです。

ちなみに、本書執筆時点における同社の株価は6024円にまで回復しています。今後はどうなるかわかりませんが、元の株価に戻りつつあります。

■大企業の株は「倒産したら困る会社」と考えられる

小林製薬について少しだけ補足すると、同社にとって「紅麴」は〝副業〟のようなものです。

同社のキャッチコピー「〝あったらいいな〟をカタチにする」にもあるように、さまざまなヒット商品を生み出しているのが最大の強みです。

少なくとも小林製薬は、「紅麴屋」ではないですよね。

ですので、紅麴の問題は非常に大きくなりましたが、それによって会社自体がなくなってしまうとは考えにくいのです。

紅麹の事件だけでもこれだけ大きく取り上げられたのですから、同社がなくなってしまったときの影響は考えられないほど大きいでしょう。

そのように考えていくと、小林製薬はほぼほぼ「日本国として倒産したら困る会社」と捉えてもいいのではないでしょうか。なくなったら困る人があまりにも多すぎます。

だからこそ、勇気を持って集中投資をする価値があると考えられるわけです。

■売買タイミングを見極めるための「Uの法則」

いい銘柄が見つかったとして、次に問題になるのは、いつ買うか。つまりタイミングの問題です。

結論から申し上げると、無理に底値で買おうとするのではなく、「明らかに下がりすぎている水準」で仕掛けていくのがキモです。

一方で売却のタイミングとしては、反発したけどまだまだ値上がりが期待できる中途半端なタイミングで売るようにします。底値で買おうとしないのと同様に、最高値を狙わないのがコツとなります。

このような売買の手法を、私は「Uの法則」と呼んでいます。

このように株を売買することによって、みんなと同じかつライバルが多い「順張り」ではなく、「逆張り」をすることができます。

逆張りは、潤沢な資金があるわけではない個人投資家が勝負できる実践的な方法であり、投資の本筋である「安く売って高く買う」につながります。

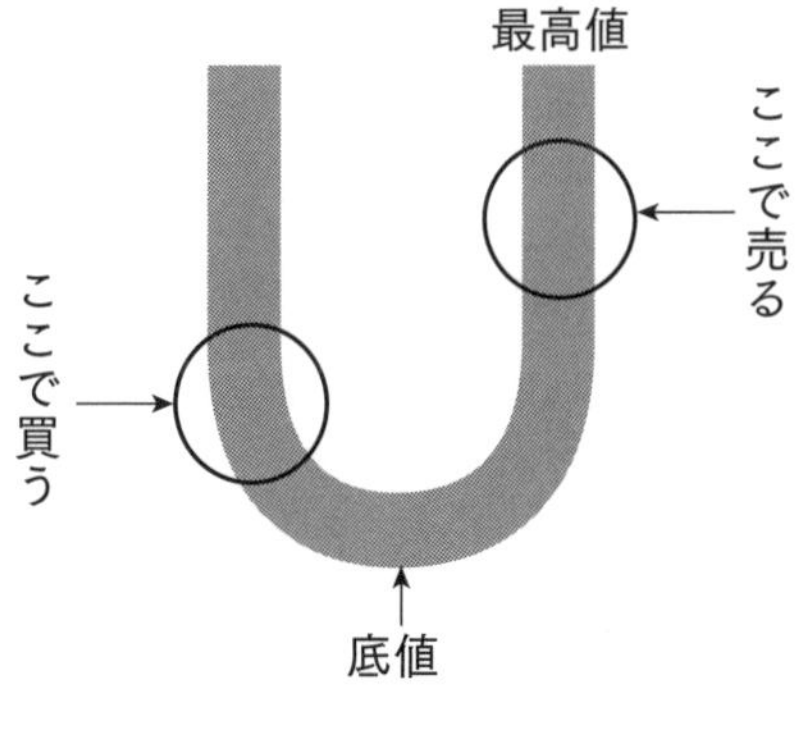

■切りのいい数字を狙わないこと

売るタイミングについて少しだけ補足しておきましょう。

「100円で買って200円で売る」というのは間違いです。なぜなら、多くの人が同じように考えるからです。

具体的な売却のテクニックとしては、「あえて切りのよい数字を狙わない」ことです。200円とか1000円など、切りのいい数字で売ろうと考える人はたくさんいます。では、その手前の199円や999円で売ればいいのでしょうか。

そうではありません。

実は、「200円で売ろうと考える人はたくさんいるから、裏をかいて199円（999円）で売ろう」と考える人もそれなりにいるのです。

その結果、期待した株価になる前に下落がはじまってしまうことが往々にしてあります。

そこで、切りのいい数字やその前後を狙うのではなく、自分なりの「目標金額」を設定するようにしましょう。

たとえば「100万円の利益が出たら売ろう」などと考えるのです。

そうすると株価は272円など、自ずと切りのいい数字やその手前ではなく、その人なりの数字になるはずです。

■目標をどこに置くのかによって投資内容も変わる

個別の銘柄においては「〇〇円の利益が出たら売却する」という考えでよいのですが、それとは別に「年間の収支目標」も意識しておくことが大事です。

私の場合は、「年30％増」を一つの目標値として考えています。つまり、それ以上はあまり欲張りません。

そうなると、一年間で取引する銘柄は「1〜3」ぐらいになります。

たとえば、年間3銘柄の取引をするのであれば、たとえば、平均で10％の利益で十分です。

そう考えると「1回は10％でもいいんだ」と思えて気持ちが楽になります。

ちなみに私の妻は、私とは異なる方針で投資しています。

それこそ、パッと下がってパッと上がるような銘柄を見つけるのが得意なので、私よりもはるかに売買回数が多いです。一方、全額投入する勇気はないので、1回当たり100〜200万程度の取引がボリュームゾーンです。

目標数字も「1銘柄10％」というわけではなく、年間のトータルで辻褄をあわせていくイメージです。

投資に慣れている人であれば、そのように自分が得意な方法で株の売買を行うのももちろんアリでしょう。

また、日本株に3000万円投じるのではなく、他の章で紹介されているような「フィリピン株」や「不動産投資」などを組み合わせる方法もあります。ちなみに私は、本書をきっかけに町田先生のサービスを定期購入させていただくことになりました。フィリピン株も少しずつ買い増していくつもりです。

参考までに3000万円が年30%ずつ増えていった場合、2億円を達成するのに何年ぐらいかかるのかざっくり計算してみましょう。

税金を考慮しない場合、次のような数字になります。

これはあくまでもシミュレーション上の数字ですし、税金を考慮するともう少し厳しくなりますが、実現不可能な数字ではありません。

事実、短期間で10%上がる銘柄はたくさんありますし、年間30%という数字も決して珍しくはありません。

元本	運用収益	合計 （元本＋運用収益）
0年目	30,000,000	0円
1年目	30,000,000	9,000,000
2年目	30,000,000	20,700,000
3年目	30,000,000	35,910,000
4年目	30,000,000	55,683,000
5年目	30,000,000	81,387,900
6年目	30,000,000	114,804,270
7年目	30,000,000	158,245,551
8年目	30,000,000	214,719,216
9年目	30,000,000	288,134,981
10年目	30,000,000	383,575,476

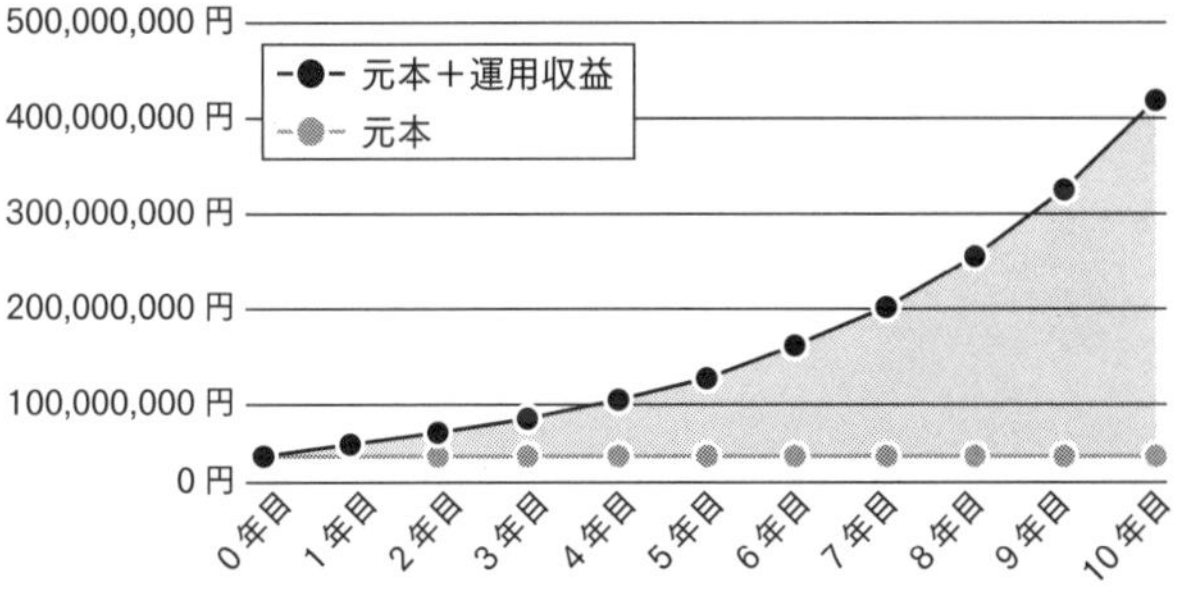

出典：https://www.nomura.co.jp/hajimete/simulation/unyou.html

■いつまでにどこを目指すのか？

じつは、私は割と〝ヌクヌク〟投資を行っています。

かつては一点集中投資に全財産をかけていたのですが、現在では総資産のうち2000万円ほどしか一点集中投資をしていない状況です。

個人的には「無理のないペースで増やしていければいいかな」と考えています。

当然、残りの資産は分散投資をしているので増えるスピードは遅いです。ただ、このぐらいのペースが今の自分には合っていると思います。

それもまた、投資をしながらわかってきたことです。

30～40代の方も、投資をしながら「本当にすぐ1億円が必要なのか？」「必要ならいつまでに必要なのか？」をぜひ考えてみることをおすすめします。

場合によっては、私のように週3ぐらいで働きながら趣味も楽しみ、のんびり投資していくほうが性に合っている人もいると思います。

反対に、できるだけ短期間で1億円を達成し、そこからFIREするか、あるいは専業投資家になって資産10億円を目指すという人もいるでしょう。

■投資力を高めるためにできること

いずれも、その人が何を目指すのかによって変わってきます。

もちろん初期の段階では一点集中投資をおすすめしますが、資産が増えてきた段階で方針を再検討する必要があります。

お金が増えていくと、できることも増えていきます。それはまさに、見える世界が変わっていくということに他なりません。

そうして選択肢が増えていったとき、本当に自分がどこを目指したいのかわかることもあるでしょう。

■投資先の見つけ方

最後に、一点集中投資を行ううえでできる工夫について、いくつか紹介しておきます。

一つ目は「値下がり率ランキングをチェックする」です。

一点集中投資では、値下がりした株価を積極的に狙っていくので、そのための指標を注視しておくことが大切です。

私の場合であれば、ヤフーファイナンスの「値下がり率ランキング」をスマホのトップ画像に載せて、いつでもチェックできるようにしています。

サービス各社によりますが、値下がり率は毎日更新されていますし、それを見ておくだけでも投資する銘柄の候補をピックアップすることができます。

最初のうちは、眺めているだけでも勉強になります。

二つ目は「気になる会社の求人をチェックする」です。

株式ランキング（値下がり率）

1〜50件 / 1941件中(更新日時：2024/06/21 18:40)　　〈 前のページ | 次のページ 〉

順位	名称・コード・市場	取引値	前日比	出来高
1	サンバイオ(株) 4592 東証GRT 掲示板	698 06/21	-150 -17.69％	16,945,800株
2	GMO　TECH(株) 6026 東証GRT 掲示板	13,160 06/21	-1,330 -9.18％	62,200株
3	ギグワークス(株) 2375 東証STD 掲示板	555 06/21	-53 -8.72％	926,500株
4	(株)ナンシン 7399 東証STD 掲示板	649 06/21	-61 -8.59％	49,000株
5	(株)アストロスケールホールディングス 186A 東証GRT 掲示板	896 06/21	-83 -8.48％	5,219,600株
6	ノイルイミューン・バイオテック(株) 4893 東証GRT 掲示板	173 06/21	-16 -8.47％	1,419,900株
7	(株)シャノン 3976 東証GRT 掲示板	432 06/21	-38 -8.09％	114,500株
8	(株)ＪＤＳＣ 4418 東証GRT 掲示板	704 06/21	-59 -7.73％	279,000株
9	伊勢化学工業(株) 4107 東証STD 掲示板	19,730 06/21	-1,610 -7.54％	724,100株
10	(株)Ｏｒｃｈｅｓｔｒａ　Ｈｏｌｄｉｎｇｓ 6533 東証PRM 掲示板	1,213 06/21	-97 -7.40％	166,500株
11	サツドラホールディングス(株)	853	-67	361,700株

出典：https://finance.yahoo.co.jp/stocks/ranking/down?market=all

一点集中投資では、値下がりした株価が戻ったところで売却するのがキホンです。そのため、戻るかどうかを見極める必要があります。

そのための指標として見ておきたいのが求人です。

たとえば、小林製薬は紅麹問題が発覚した後「今年（2025年度）は新卒を採用しません」と発表しました。これは、評価としてはマイナスです。

一方で、同社の「採用情報総合サイト」を見てみると、相変わらず新卒採用に関する情報は充実していますし、グループ会社を含む中途採用（キャリア採用）に関してはさまざまな職種で募集しています。

こうした点はプラスのポイントとなるでしょう。

「求人」というのは、その会社の勢いというか近未来の状況を示すものです。会社に勢いがなく、将来も厳しい状況では、積極的な求人はしないものです。

ちなみに紅麹問題のような不祥事に対し、社長がどのような対応をするのかも見ておくと参考になります。

同社としても、原因や責任に関していろいろと言いたいこともあるはずですが、あまり騒ぐことなく、弁護士を通して冷静に対応することが初動としては得策だと思います。

その点においても、私は小林製薬に対してよい印象を持ちました。

三つ目のポイントは「チャレンジ精神」です。

その会社がチャレンジ精神を持っているかどうかは非常に重要で、それがあれば、問題が起きても未来に向かって進んでいくことができます。

小林製薬の場合、もし同社が紅麹にすべてをかけており、他の主力商品がほとんどない会社だったら、その売上減少分をすぐに補填するのは難しいでしょう。

しかし、小林製薬にはそれ以外にもさまざまな商品ラインナップがあり、その背景として特定の商品に甘んじることなく、開発を続けてきたチャレンジ精神があります。

こうしたところも評価できるポイントになります。

その他のコツとしては、100株だけ買って株主総会の動画をチェックしてみたり、決算書が読める人であれば決算書もあわせて見たりしておくことをおすすめします。

もちろん採用情報を含め、会社のホームページは情報の宝庫なので、どんな方針で会社を運営しているのかや、「DX対応」「AI活用」など未来に対して投資しているのかどうかなどもあわせてチェックしておきましょう。

年代別の投資法（50～60代）

次に50～60代の人向けの投資法について解説していきます。

この方法は、私が両親にすすめて実践してもらっている方法です。

さて、30～40代は、一点集中投資で資産を拡大する方法を紹介しました。投資法としてはかなり〝ゴリゴリ〟な手法ですね。

一方で50～60代の投資において大事なのは、まず「大きく減らさない」ことです。つまり30～40代よりもグッと守りに寄るイメージです。

もちろんどんな投資も資産が減る可能性はあるのですが、若ければ若いほどリスキーな投資ができる一方、年齢を重ねていくにつれて資産を守る必要が出てきます。ただし、それは投資をしない理由にはなりません。

歴史を遡ってみるとわかりますが、株式市場は右肩上がりがキホンです。その理由は通貨の量が増えているからです。つまり、10年前にあった世界中の1万円札の数より、今の1万円札の数の方が多いのです。

通貨の量が増えている以上、金《きん》の価格が値上がりするように、株式市場も右肩上がりで推移していきます。

■10年ごとに発生する「暴落イベント」に備えよう

二つ目のポイントとして、これは〝オカルト〟のようなものですが、大体10年に一度のペースで「暴落イベント」が起きることを警戒しておくべきです。

たとえば、新型コロナウイルスが蔓延しはじめたのは2019年11月頃からでした。この10年前にはリーマン・ショック（2008年）があり、さらにその10年前には世界経済の同時減速や9・11の同時多発テロがありました。90年代初頭は、ご存知の通りバブル景気の崩壊がありました。

このように、大体10年ぐらいのペースで株の暴落イベントが起きています。明確な根拠があるわけではありませんが、そのぐらいのペースで何かが起きると警戒しておけば、株の暴落に備えることができます。

具体的な対策としては、株を現金化してしまうということです。利益確定の売りをちょっと早めにしておきます。

それによって守備を重視した投資が可能となります。

引き気味に投資を行う意識を持つことで、資産を大きく減らすことなく続けていくことができるでしょう。

「でも、暴落イベントなんて都市伝説みたいなものじゃないの？」と考える人もいると思います。たしかに、明確な根拠があるわけではありません。

けれど、よく考えてみてください。

日本には地震がありますし、近隣諸国の問題であれば北朝鮮や中国、台湾などの有事も考えられますし、この先何が起こるのかは誰にもわかりません。

だからこそ、「何かあるかもしれない」と警戒しながら投資を行うことが重要です。

この二点が、50〜60代の方におすすめの基本方針です。

■狙うべきは「優待株」

具体的な投資方法について見ていきましょう。

50〜60代の投資法として、まずおすすめしたいのは「優待株」です。優待株には

「株主優待」が付属しており、株式投資を「楽しい！」と感じやすいのが特徴です。
株主優待の優待品にはさまざまなものがあるのですが、私のおすすめは「クーポン」がもらえるタイプのものです。クーポンでする買い物は、ふだんの買い物とは違った醍醐味があります。

旅館で使える地域限定クーポンなどがわかりやすいのですが、ふだんは買わないものを半ば強制的に買ってみると、これまでとは違った面白みが得られます。

あとは、「割引券」がもらえる銘柄もおすすめです。

私はタカラトミー（７８６７）を１００株だけ持っているのですが、これは完全に優待目当てです。１００株以上を3年以上持っていれば、タカラトミーのオンラインショップで4割引で買い物ができます（1年以上3年未満は3割引）。

小さなお子さんやお孫さんがいる方であれば、このような優待も嬉しいですよね。

あとは、ご自身の好きなものや趣味にあわせて銘柄を探してみるのも楽しいです。スーパー、ファーストフード店、居酒屋など、探してみると身近なものがたくさんあります。

投資をしながら、そうした楽しみを得られると、無理せず継続できます。

もちろん、3000万円の資産が4000万円、5000万円と増えていくのもいいのですが、なかなか簡単にはいきませんし、それなりにリスキーな勝負をしなければなりません。

それよりも、資産の守備的な面も考慮しながら、優待品をもらって楽しみながら資産形成をしていくのが、50～60代の投資法としておすすめです。

■優待品の中身はさまざま

優待品の中身は、保有している株式の数によって異なる場合もあれば、そうでないケースもあります。

100株からもらえる銘柄をたくさん保有したほうが楽しみは増えます。

たとえば小林製薬であれば、100株以上を保有している人を対象に、年に2回、5000円相当の自社製品詰め合わせセットまたは社会貢献団体への寄付、通信販売製品の10％割引が提供されるようです。

こうした銘柄をいくつも持っていると、毎月のように優待品をもらえる状況もつく

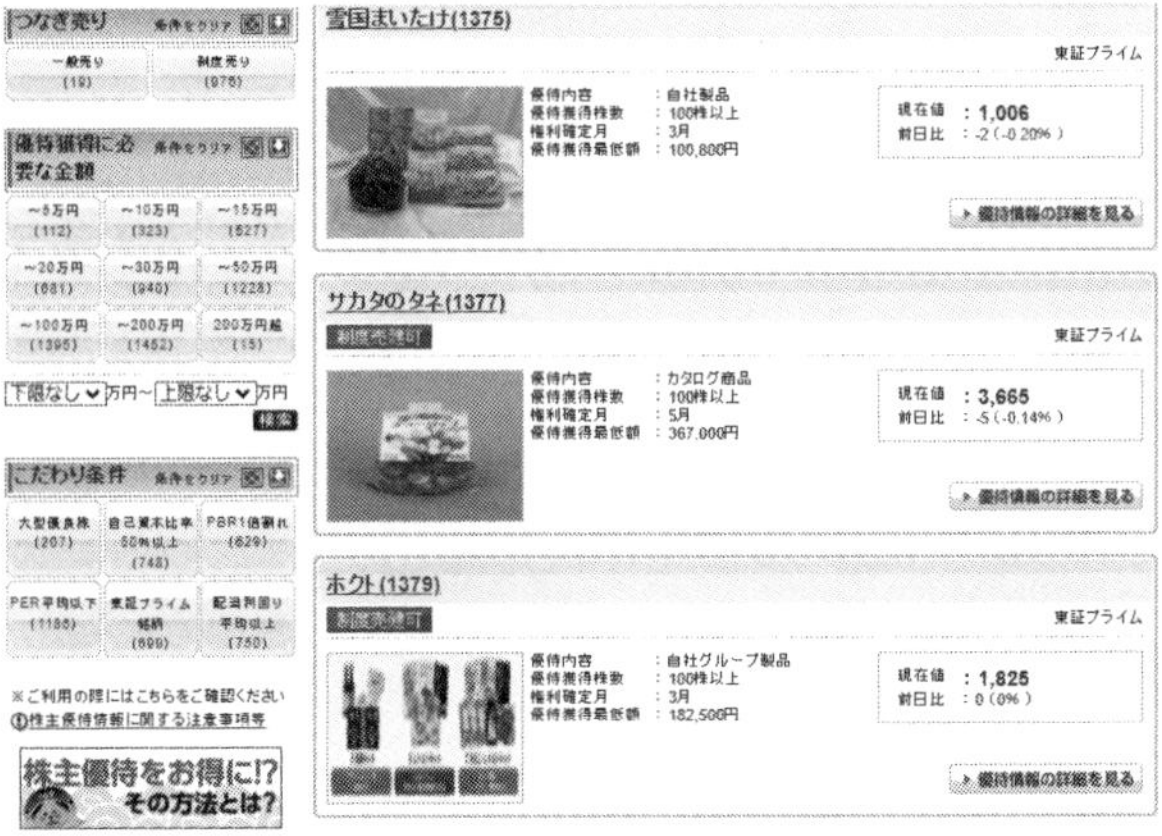

れます。権利確定月が1月から12月までの銘柄をまんべんなく持っておくだけです。

株を持っているだけで物をもらえるのも嬉しいですし、コスパ的にもいいですよね。

もちろん複数の銘柄に投資することは、分散投資になり、守備力を高めることになります。

優待株の探し方としては、利用している証券会社のサイトから「絞り込み検索」や「こだわり検索」などによって簡単に見つけることができます。

私がメインで使っているSBI証券の場合、上のような画面で表示されます。

また、「優待情報の詳細を見る」をクリックすると、「権利確定月」や「権利付最終日」などに加え、株主優待の内容もチェックできます。

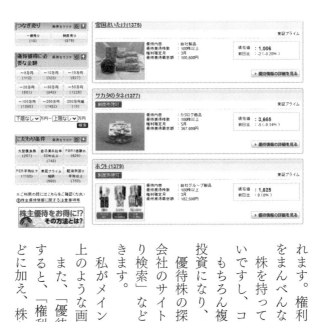

更新日	24/3/21
権利確定月	11月
権利付最終日	次回：2024/11/27 前回：2023/11/28
URL	https://www.kewpie.com/ir/stocks-information/benefit/

優待内容名		優待獲得株数	備考
自社グループ商品詰合せ（マヨネーズ・ドレッシング等）	1,000円相当	100株以上	※100株以上を6カ月以上継続保有（11月・5月の株主名簿に同一株主番号で連続2回以上記載）した株主のみに贈呈。3年以上継続保有（11月・5月の株主名簿に同一株主番号で連続7回以上記載）の場合、100株以上500株未満は1,500円相当、500株以上は5,000円相当
	3,000円相当	500株以上	

情報提供：東洋経済新報社

上の表は「キユーピー株式会社」の優待内容の記事ですが、100株以上で1000円相当の、500株以上で3000円相当のマヨネーズやドレッシング等がもらえるようです。

ときどきテレビで、プロ棋士の桐谷広人七段が紹介されていますね。その内容は将棋ではなく、桐谷さんが投資によって多種多様な優待券をゲットして生活をエンジョイしていることです。
　桐谷さんは使いきれないぐらい株主優待券をたくさん持っているのです。真似してみてもいいですね。

■優待品の保存や保管に注意する

株主優待で商品をもらう場合に注意したいのは、保存や保管です。

たとえば、肉のハナマサを運営する株式会社ＪＭホールディングス（３５６９）は、持ち株数に応じた「お肉」が届きます。しかもそれが、結構な量になるのです。

一般的なご家庭では、お肉が入る冷蔵庫の許容量も限られています（私は、追加で専用の冷凍庫を買いました）。

しかも株主優待のお肉は〝勝手に〟送られてくるので、スペースのことはもちろん、賞味期限内に食べ切れるかどうかも考えておく必要があります。

とくに食品の場合は、送られてくる商品の保存にも気を配っておきましょう。時期がかぶってしまうと、捨てることになります（私も過去に失敗しました）。

「それならクオカードとか金券のほうがいいのでは？」と思う人もいるでしょう。

ただ、金券系の優待は結局のところ「配当」との比較になりますので、それなら配当利回りがいい銘柄を選択したほうがよいでしょう。

2022年7月期の株主優待実施の内容

100株以上の株主様	2,500円相当
国産鶏ムネ肉	2kg
沖縄琉香豚ばら肉薄切	500g
沖縄琉香豚切落し	500g

500株以上の株主様	3,500円相当
国産鶏ムネ肉	2kg
沖縄琉香豚ばら肉薄切	500g
沖縄琉香豚切落し	500g
イベリコ豚ベーコン	200g
鎌倉ハムポークウィンナー	400g

1,000株以上の株主様	5,000円相当
国産鶏ムネ肉	2kg
沖縄琉香豚肩ロース	1本
イベリコ豚ベーコン	200g
鎌倉ハムポークウィンナー	400g

10,000株以上の株主様	10,000円相当
国産鶏ムネ肉	2kg
沖縄琉香豚肩ロース	1本
イベリコ豚ベーコン	200g
鎌倉ハムポークウィンナー	400g
松井牧場牛サーロインステーキ	180g×5

出典：https://jm-holdings.co.jp/ir/dividend.html

100万円投資して3%の現金をもらえる企業と、2%の現金プラス1000円のクオカードをもらえる企業なら、やっぱり前者のほうがいいですよね。

むしろ株主優待は、お金ではなく「ふだん買わないものを買う」「自分で買わないものをもらう」といったところに醍醐味があると考えてください。

その結果、これまでにない新しい体験や楽しみにつながります。

■優待株でも「高値づかみ」は避けよう

優待株の買い方についてです。

基本的にはご自身が好きな優待を得られる株を購入していいのですが、そうは言っても、チャートはチェックするようにしてください。

チャートを見て、明らかに価格が高すぎるものや、上がりすぎている銘柄については避けるのがベストです。それは、投資の王道である「安く買って高く売る」の真逆になる恐れがあるからです。

年代別の投資法（70代以降）

年代別投資法の最後は70代～です。

70代以降の方の投資も、50～60代と同じように守りを重視するのがキホンです。それに加えて「できるだけストレスをなくす」のがポイントとなります。

その意味では、無理に個別株投資にこだわる必要はないかもしれません。

自分にとってストレスがない資産運用を模索することもまた、続けていくためには大事なことです。

ウォーレン・バフェットやジム・ロジャーズのように、高齢になってもバリバリ投資している人は実際にいます。

そのような発想の人は、30～40代の方、向けに紹介した方法や、あるいは本書の第3章以降で紹介する外国株や不動産の方法もぜひチェックしてみてください。

■〝地味な企業〟に分散投資する

優待株に加えておすすめしたいのは、「地味な企業に分散投資する」方法です。

地味な企業とは、値動きがあまりなく、株価が安定して推移している企業のことですね。そういった銘柄をいくつか保有し、分散投資すると、投資の守備力を高められます。一例を挙げてみましょう。

株式会社サンリツ（９３６６）という会社があります。東京に本社を置き、梱包事業、運輸事業、倉庫事業を行っている企業です。

日本だけでなく、中国や米国に拠点を置いて事業を展開している企業なのですが、同社の名前を聞いたことがある人はそれほど多くないと思います。

ふだんの生活で梱包や倉庫業に馴染みがある人は少なく、また消費者向けのＣＭにも馴染まないので、目にする機会が限られているためです。

そんなサンリツの株価は、本書執筆時点では777円となっています。

「板（売り方と買い方の指値〈気配値〉の売買注文状況を並べたもの）」を見てみると、776円で買いたいと言っている人が200株と、ほとんどやり取りされていないのがわかります。

つまり、投資家からあまり注目されていない銘柄と言えそうです。

とは言え、この銘柄に魅力がないかというとそうではありません。

よくよくチェックしてみると、ちゃんと配当も出していますし、業績も去年と同程度と安定した水準をキープしています。

事業内容からもわかるように、倉庫会社は「B to B」が基本であり、顧客としてもそう簡単に倉庫を変えたりはしません。

また、景気や時勢に左右されることも少ないため、良くも悪くも株価が安定しているのです。そこにこの銘柄の魅力があります。

このように、ビジネスモデルから判断してあまり値動きがなさそうな安定銘柄をいくつか見つけて保有しておくと、より守りを意識した投資を行うことができるのです。

株価が安定している銘柄の見つけ方としては、まず、ビジネスモデルに着目してみるとよいでしょう。倉庫業なら倉庫業で、いくつかの企業をチェックしてみてください。

そのうち、同業種でも売上の推移や配当に差があったりしますので、それらを比較しながら、より魅力的だと思う銘柄をいくつか購入するようにしてください。

証券会社のサイトから検索すればいろいろな情報を検索・比較できますし、1~2年前の中古の『会社四季報』を買ってきてパラパラめくってみるのもおすすめです。

なぜ中古なのかというと、答え合わせができるからです。四季報には記者が書いた見通し分析が載っていますので、現状と比較してみてもよいでしょう。

■できるだけ資産をまとめておく。そして楽しく使う

70代以降の方は相続対策も資産運用のテーマになります。

株式投資に関していうと、あまり複数の証券会社や銀行に資産を分散させないように注意してください。その理由は、相続が煩雑になってしまうからです。

経験がある方はご存知かと思いますが、保有資産が複数の証券会社や金融機関にま

たがっていると、遺族はそれらをすべて回って手続きしなければならず、そのぶん遺産分割協議も大変になります。

そこまで見越し、事前に一箇所にまとめておくと、残された家族も管理がしやすくなるはずです。

少なくとも、使っていない証券口座や銀行口座があるならなるべく早く解約し、どこに資産があるのかを明確にしておくようにしましょう。

また、本書でも紹介されているフィリピン株や海外不動産など、一般の人にあまり馴染みがない資産を持っている場合は、その取り扱い方法や連絡先などをわかるようにしておくことをおすすめします。

ちなみに、相続について考えておくことは、家族のためだけでなくご自身のためにもなります。なぜなら、「お金をいくら使っていいのか」がわかるからです。

都内にお住いの方であれば、自宅不動産だけでも3000万円ぐらいにはなるでしょうし、有価証券が約3000万円ほどあるなら、保有資産も合わせるとそれだけで6000万円になります。

3000万円に相続人の数×600万円を加えた額が相続税の基礎控除額になり、

それを超える部分には相続税がかかってしまいます。

それなら、あらかじめ資産がどこにいくらあるのかを把握した上で、相続税がかからない部分だけは家族に残し、その他は積極的に使っていくという選択肢もアリでしょう。

そのほうがより〝楽しく〟投資を続けられると思います。

楽しいという要素は、投資において非常に重要です。

■余裕資金を使いながら人生を楽しもう

もし、将来的に老人ホームなどに入ることを考えた場合でも、「1500万円ぐらいは使っても大丈夫そうだ」とわかったら、そこから〝無駄遣い〟する余裕も生まれてきます。

好きなことにお金を使うのは、人生を豊かにする大きな要因になります。それは投資をしていても同じです。

私の場合であれば、新婚旅行で「ダイヤモンド・プリンセス」に乗って豪華客船のトリコになってしまったこともあり、次回は「飛鳥Ⅱ」に乗ってみたいと思っています。

回し者のようですが、「日本郵船」の株主優待には、飛鳥クルーズの10％割引券が含まれています。１００株（２０２４年11月12日現在、４８８万５０００円）以上で３枚、１５００株以上で６枚、３０００株以上で10枚もらえます。

たとえば44万円のプランを選択して夫婦二人で88万円だと、10％割り引かれるだけで８万８０００円もお得にクルーズを楽しむことができるのです。

それぞれ好きなことや趣味などがあると思いますので、余裕資金がいくらあるのか、それを何年で使っていいのかを計算し、ぜひ楽しみながら投資を続けてみてください。

可視化すれば、「10年で１５００万円使おう」など、具体的な数字と計画も立てやすくなります。それも、資産をまとめておくことのメリットです。

ご自身の資産を把握し、使える部分は積極的に使って人生を楽しみながら、守りの投資をぜひ実践していただければと思います。

ちなみに、第３章以降のフィリピン株、不動産投資、オフィスビル投資も参考になるものばかりなので、いろいろな方法を試しながら組み合わせつつ、自分なりの投資方法を確立してみてください。

【Profile】

隆佑（りゅうすけ）

ゆっくり投資家。毎日株価をチェックせず、お仕事3割、余暇7割の生活をする個人投資家。全財産を一つの銘柄に集中投資する手法で、継続的に年率130%を達成。現在の一点投資額は、1000〜2000万円にしてその他の資産は分散投資を実践中。

著書に『株は「一点張り」が一番稼げる』（ビジネス教育出版社）がある。

本書の出版プロジェクト用のアドレスはこちらです。

間違いのご指摘やご意見などがあれば、こちらにご連絡ください。すべてのお問い合わせにお返事することはできませんが、しっかりと読ませていただきます。

ryusuke.syuppan@gmail.com

第３章

新興国株投資（フィリピン株）

ライフシフト合同会社　町田健登

はじめまして、ライフシフト合同会社の町田健登と申します。

今はフィリピンと日本を行き来するような生活をしながら、日本のフィリピンの活きた情報を日本のみなさまに共有しながら、日本とフィリピンが一緒に発展できるような架け橋になれればと活動しています。


さて、第3章は新興国株式の紹介ということで、私が登板させていただきます。

第2章の日本株のデメリットという話で、日本という国の経済は緩やかに落ちていくことが確定的であるという解説がありました。まずはそのあたりから解説をはじめます。

【フィリピン株をおすすめする三つの理由】

株式投資のルールは一つしかありません。それは「安く仕入れて高く売ること」です。これができたら、資産状況や年齢にかかわらず、誰でも確実に利益を出すことができます。

では、なぜ株式投資で損をする人がいるのでしょうか？

その理由は、「安く買えないから」ということに尽きます。具体的には、その銘柄の適正価格がわからず、安く買えているのかどうかもわからないのが実情でしょう。

国内株にしても海外企業の株にしても、中身がよくわからないまま購入している人ほど、最終的に損をすることになります。

そこで考えたいのが、「どうすれば初心者の方でも結果を出しやすくなるのか」ということなのですが、私のおすすめは断然「フィリピン株」です。

フィリピン株をおすすめする理由はいくつかありますが、ここでは三つのポイントに絞って紹介していきましょう。

1. 圧倒的な経済成長

一つ目は「経済成長」です。日本も戦後に高度経済成長期があったように、フィリピンは2012年から8年連続で6％以上の高い成長率を記録してきました。

コロナ禍を経てマイナスに落ち込んだ後も、2021年には前年比プラス5・7％、2022年にはプラス7・6％と大きく回復しています。

今後も成長が続いていくと予想されますが、それによって

	2012年	2013年	2014年	2015年	2016年	2017年	2018年	2019年	2020年	2021年
経済成長率（%）	6.9	6.8	6.3	6.3	7.1	6.9	6.3	6.1	－9.5	5.7

出典：フィリピン国家統計局

https://www.mofa.go.jp/mofaj/area/philippines/data.html

株価も伸びていくことが期待され、投資先としては好条件と言えそうです。

2. 人口ボーナス

二つ目は「人口」です。フィリピンの人口は2022年時点で1億1500万人ほどとなり、日本とそれほど変わらない水準なのですが、現在でも増え続けているのが特徴です。平均年齢も2022年で24・3歳と非常に若く、アジア最大の「人口ボーナス」があります。

人口が増加すれば、基本的に消費も比例して増加し、企業の売上も伸びていきます。その結果企業が成長して、株価が大きく伸びていく可能性が高いのです。

家でも自動車でもファッションでも、人口・消費・売上増加に伴い、株価が上がる銘柄に当たる確率が高くなる可能性があります。

しかもフィリピン人は英語が堪能です。歴史的な背景や英語が公用語となっていることもあり、世界の英語圏を相手に仕事をすることも可能です。それも経済成長を促す要因と言えそうです。

3. 取得コストが安い

三つ目は「取得コストの安さ」です。日本の国内株と比べると、フィリピン株は非常に安く購入することができます。

たとえば、ユニクロを運営する「ファーストリテイリング」の株価は本書執筆時点で4万560円ですが、これを単元株の100株購入するとなると400万円以上が必要となります。それでは買える人が限られてきますし、初心者にはハードルが高いでしょう。

一方でフィリピン株は、メジャーなトップ30社の財閥株でも2000~3000円ぐらいからはじめられます。たとえ失敗しても「ランチを一回抜けばいいか」くらいの気軽さで取り組めるわけです。10社買っても10万円以内に抑えられます。株式投資で「負けない」ということはプロでも難しいものです。だからこそ少ない資金で何度もチャレンジができるフィリピン株は、新しく株式投資をはじめる方にとってうってつけと言えるでしょう。

このようにフィリピン株は、「安く仕入れて高く売る」ための条件が整っています。たとえ短期的に値下がりしたとしても、時間さえかければ伸びていく可能性があります。「買って放置」で儲かることが期待できるわけですね。

リスクとリターンのバランスを考えても、フィリピン市場は非常にポテンシャルが高いと言えます。

とくに初心者の方は、いきなり日本株やアメリカ株を買って損をしてしまうよりも、フィリピン株で少額からスタートしてみるのがおすすめです。

フィリピン株とは

次に、フィリピン株の概要について紹介していきます。

まずは、歴史的な背景についてです。

フィリピンの証券取引所は、米国統治下の1927年に設立された「マニラ証券取引所」がスタートとされています。92年には「マカティ証券取引所」と経営統合し、現在の取引所となっています。

日本に初めて株式市場が誕生したのは1878年のことなので、そこから少し遅れるかたちで証券取引所が開設されているわけです。

日本の上場会社は約4000社でかなり多く、それらをすべてチェックしていくのは非常に大変です。情報収集はしやすいのですが、そこから精査していく難しさがあります。

一方でフィリピン市場の上場銘柄は280社ほどと少なく、すべての銘柄をチェックしたとしても日本株の10分の1以下で済みます。

このあたりの違いも投資に影響してきます。

ちなみに、上場している企業のうちの約70社は、ほぼ何の仕事もしていない〝赤字会社〟です。それらは投資の対象にはなりにくいため、さらに投資先は絞り込まれてきます。

■フィリピン株の買い方

日本でフィリピン株（個別銘柄）を買える証券会社は、「アイザワ証券」と「内藤証券」の二社しかありません。取り扱い銘柄は、アイザワ証券が約80銘柄、内藤証券が約30銘柄です。

銘柄が限定的であることに加え、手数料も割高です。たとえばアイザワ証券の場合、取引手数料（委託手数料）が最低でも1・65％で、日本円をフィリピンペソに交換する場合には為替手数料もかかります。

日本の証券会社であれば、「楽天証券」や「SBI証券」のように手数料無料で取引できるところもありますし、手数料がかかるところでも0・033％やポイント還元などのサービスを実施しているなど、その違いは押さえておく必要がありそうです。

一方で、現地の証券会社（AB証券など）で口座をつくることも可能です。フィリピンの証券会社であればすべての銘柄を取引できますし、中には10％を超えるような高配当株もあります。

加えて、フィリピンにはフィリピンを代表する

外国株式の委託手数料（税込）

対面取引手数料		売買代金の2.20%
ブルートレード手数料	インターネット・モバイル発注	売買代金の1.65%
	コールセンター発注	売買代金の1.98%
	コンサルネット発注	売買代金の2.20%

出典：アイザワ証券公式ホームページ
https://www.aizawasec-univ.jp/article/philippines_stock.html

30銘柄の加重平均で構成されるフィリピン総合指数（ＰＳＥｉ）というものがあります。このフィリピン版日経平均のような指数に連動するＥＴＦ（上場投資信託）やＩＰＯ（新規公開株式）も買うことができます。

手続きは難しくありません。パソコンが使える方であれば無理なく証券口座を開設できます。それによって手数料も安く抑えることが可能となり、いわゆる「手数料負け」しにくくなります。

参考までに、「ＡＢ証券（フィリピンのオンライン証券）」の手数料について紹介しましょう（いずれも２０２３年時点）。

ＡＢ証券では、基本的に０・25％の手数料で売買することが可能です。弊社経由で口座開設をされる場合には、取引手法に応じて三つの手数料に分かれます。具体的には、売買代金の０・25％、０・５％、１％から自由に選択可能です。

０・25％は最も安い手数料です。０・５％の場合には専属の担当がつき、入金漏れや出金、株式分割や優先株発行時のフォローがつきます。１％の場合は、ＡＢ証券の担当が指示通りに毎月株を定期購入するサービスです。

手数料は自由に選択可能で、いつでも変更できます。

日本株とフィリピン株の違い

フィリピン株と日本の株を比較したとき、注意したいのは次の2点です。

一つ目は「情報の取得」についてです。

本書を読んでいる大半の方は日本人であり、かつ日本国内に居住していますよね。なので、日本企業の情報も収集しやすく、日本株の状況や値動きも細かくチェックできます。

一方で、日本国内から得られるフィリピン株の情報は限られています。そのため、ネットで現地の情報を収集したり、フィリピンに精通した専門家とつながったりなど、情報収集に努める必要があります。

二つ目は「為替」の問題です。

日本株の取引は基本的に「円」ですが、フィリピン株の取引通貨は「フィリピンペソ（ＰＨＰ）」となります。そのため「円」で投資をはじめる際には、為替を気にしておく必要があります。

前述の通り、日本の証券会社で売買する際には為替手数料がかかりますし、そうでなくても「円↓ペソ」「ペソ↓円」にするには当然手数料がかかります。

いずれもフィリピン株だけに限らず、海外の株を取引するときにはつきまとう問題です。重要なのは、それらの問題をふまえて「投資するべきか否か」を判断することでしょう。

もちろん私は、それらの問題を加味した上でフィリピン株をおすすめしています。

そもそもフィリピンの証券取引所は、まだ成熟していません。事実、「成行注文」

や「信用取引」もできませんし、法律上は空売りもＯＫなのですが、実質は追いついていません。それぐらい脆弱なわけです。

その結果、ボラティリティ（株価変動の度合い）が大きく、それこそ「暗号資産」並に激しく上下することがあります。それを回避するために情報を得ようとしても、なかなか難しいのが実情です。日本株や米国株のように、情報戦が機能しにくいと言えるかもしれません。

もちろんフィリピン側としても、証券取引の手数料を下げたり規制緩和したりなど、外貨を募るのに必死なのですが、それでも日本やアメリカの市場に比べると〝オモチャ〟みたいなマーケットです。『会社四季報』のような経済情報誌もありません。たとえ英語ができたとしても、有力な情報を得ることは簡単ではないのです。

ニュースをチェックできる媒体としては、日本語のものだと「日刊まにら新聞」や共同通信グループの「ＮＮＡ」などがあります。いずれも費用はかかりますし、上場企業以外の情報も流れてくるので、初心者の方にはハードルが高いです。

独自に情報を収集してチェックすることもできなくはないですが、あまり効率的ではないので、やはり専門家から情報を得るのがベストです。

手前味噌にはなりますが、弊社「ライフシフト」のコミュニティに入っていただければ、本当に必要な情報だけを収集することができますし、投資だけでなく人脈なども形成することができます。


私自身はフィリピンに10年以上住んでおり、ファイナンシャルプランナーとしての実績もあります。また在日フィリピン商工会議所の理事を務めているので、より広い情報をお伝えすることも可能です。

その経験を活かして得た情報を月額2000円から毎朝配信していますので、ハードルを下げるためにも、ぜひ最初の一歩として活用していただければと思います。

フィリピン株のおすすめ銘柄

ここからは、フィリピン株のおすすめ銘柄をいくつか紹介していきます。

鉄板の銘柄としては、その業界で市場を独占しているようなオンリーワン銘柄を買うのがセオリーかと思います。たとえば、不動産業界でしたら、大手の「アヤランド（ＡＬＩ）」、大手外食だと国民的ファーストフード「ジョリビー（ＪＦＣ）」です。

なぜオンリーワン銘柄がいいかというと、不要な価格競争に巻き込まれずに、リピート顧客を最低限の販促費用で得ることができ、高粗利の財務体質を成し得る蓋然性が高いからです。

資本主義社会では、ライバル企業が切磋琢磨し、新規商品を開発したり、異業種が参入することで激しく競争が起こります。結果、価格が下がり消費者としての目線では魅力的ですが、投資をする立場ではこの争いに巻き込まれない、唯一無二、オンリーワン銘柄に資産を投じることで、安定的に企業の売上が増え、株価を通じて上昇益や配当を得られる可能性が高まります。

具体例としては、大手食品会社ジョリビー（ＪＦＣ）」です。元々はアリスクリームショップでしたが、フィリピン人の「お米」好きを狙って、フライドチキンとライスをセット販売するファストフード商品を開発後、空前絶後の大ヒット。フィリピンではマクドナルドやＫＦＣを押さえて圧倒的に市場を独占している状況です。

カトリック教徒が90％以上を占めるフィリピンでは、家族を大切にする文化があり、誕生日は大切な家族行事になりますが、お子さんが小さいとジョリビーで誕生日パーティをすることが多く、もはや文化として根付いているレベルと言えます。

また、ジョリビーは、その他多くの外食産業を傘下に置いており、ピザの「グリーンウィッチ」や中華の「チャオキン」、ケーキの「レッドリボン」といったブランドはもちろん、「バーガーキング」「コーヒービーン」「吉野家」等国際ブランドのファストフードやカフェ等も押さえており、「今日はジョリビー以外で食べよう！」と外食しても知らず知らずのうちのジョリビー参加のグループでご飯を食べていたということもあります。このような銘柄は期待値が上がります。

この他の各産業のオンリーワン銘柄は、私の著書『社畜会社員から資産1億つくった僕がフィリピンの株を推すこれだけの理由』に詳しく書いておりますので、ご興味あれば、そちらに譲りたいと思います。

本書ではせっかくなので、前作の書籍を出版後、ユニークな発表をした会社を紹介しましょう。

まずは、**中堅不動産ダブルドラゴン（DD）**

DDは、大手ファストフード会社ジョリビー（JFC）が不動産業界へ進出してつくった新興の不動産企業です。最近は「101ホテル」というブランドのホテルの開発・運営に注力しており、2026年までにフィリピン最大手のホテルチェーンになる見込みです。また、最近はシンガポールに別法人「ホテル101グローバル」を創立し、日本、スペイン、アメリカの用地を取得して、世界進出へ向けて着実に動いています。

日本では、「パウダースノー」で有名なニセコの隣町で延べ床面積2万平方メートル超えのホテルを開発しています。最新の情報では、「ホテル101グローバル」が特別買収目的会社（SPAC）と合併してアメリカのナスダック市場へIPO（新規上場）をすることを発表しました。米国に上場する企業としてはフィリピン初の快挙となります。SPACを通じた上場であり、普通とは異なる上場手段になるのが懸念点ではありますが、フィリピン初のアメリカ上場銘柄ということで、株価を上げることになりそうです。

その他の面白い銘柄としては、大手酒造メーカー「エンペラドール（EMI）」

フィリピンを代表するブランデーメーカーであり、国内に限らず海外にも積極的に輸出をしています。EMIも2023年には、シンガポール証券取引所にダブル上場に成功。シンガポールに上場のニュースが発表されると、大きく株価を上げました。

フィリピンの上場銘柄という馴染みのない方もいるかもしれませんが、このほかにも再生エネルギー業界で東南アジア最大の時価総額を狙うACENコーポレーション（ACEN）のように世界各地で大規模な太陽光発電を行う企業等も存在しており、今後DDやEMIに限らず積極的に海外の証券取引所に上場する銘柄も出てくるかもしれません。

その他にも、ちょっとマイナーな株なのですが、2024年には配当を「94%」出した銘柄もあります。当然、配当権利確定後に大暴落したのですが、たとえ株価が大きく下がっても、配当の権利が確定してしまえば売ってしまってよいでしょう。

ちなみにフィリピン株はストップ高・ストップ安（値幅制限）がプラスマイナス50%と定められています。そのため、94%の配当を受けられればストップ安になってもプラスになる計算です。

こうした動きがあるのもフィリピン株ならではの醍醐味と言えるでしょう。銘柄数はそれほど多くありませんが、未成熟だからこそその〝面白味〟があります。

それが日本やアメリカの市場にはないチャンスを生んでいるわけです。

フィリピン株投資の注意点

日本株の取引経験がある人は驚くかもしれませんが、フィリピン株の「板（気配値の売買注文状況を並べたもの）」は、結構簡単に動いてしまいます。

銘柄にもよりますが、300〜500万円購入するだけで動くものもあれば、中には100万円購入するだけで動いてしまうものもあります。

それだけ板が弱いということですね。

ある意味ではそれを面白いと感じる人もいるかもしれませんが、自分で板をつくれてしまう分、大きく投資する際には注意が必要です。

とくに3000万円の資産を有している人であれば、「1000万円ぐらい入れちゃおう」と思うかもしれませんが、そこはフィリピン市場の脆弱性を加味した上で、慎重に判断するようにしてください。

安全性に配慮すると、おすすめは分散投資です。

たとえば「1000万円入れたい」となった場合も、それをすべて一つの銘柄に投資するのは危険です。また、それだけの金額を堅い銘柄に突っ込むのであれば、日本株でもよくなってしまいます。

そこで、伸びゆく銘柄を安く買うには「5銘柄」前後を基準にするとよいでしょう。そのうちの一つが大きく伸びれば投資としても成功ですし、どれかが下がっても他でカバーすることができます。

一方で、10銘柄だと少し多すぎます。保有している銘柄が多すぎると損切りに失敗しやすくなりますし、管理の手間もかかります。

やはり、5銘柄ぐらいを一つの基準にすることをおすすめします。

それこそ最初のうちは、必ずしも個別銘柄に投資する必要はありません。ETF（上場投資信託　株式市場で簡単に売買ができ、日本における日経平均株価にあたるフィリピン総合指数などに連動するように作られているものもある）などでスタートし、雰囲気に慣れてから個別銘柄を増やしていくのも有効です。

前述の「配当94％」というのはやり過ぎにしても、フィリピン株には、10〜15％ぐらいの高配当株はいくつもあります。ＥＴＦからはじめて徐々に個別の高配当株を増やしていくだけでも結果が出やすくなるでしょう。

「資産が３０００万円ある」ということはあまり意識せずに、少しずつ慣れていくところからはじめれば、市場の感覚もつかめると思います。

ちなみに私は、「フィリピン株に投資するのは資金全体の2割までにしてください」と伝えています。３０００万円ならＭＡＸ６００万円です。

大切なのは、いきなり大損して資金の大半を失うようなことがないよう、きちんと対策を講じておくことです。資産の2割ぐらいの金額感で、まずは気軽にはじめてみてはいかがでしょうか。

年代別の投資法（30〜40代）

ここからは、年代別のおすすめ投資法を紹介していきます。

まずは「30〜40代」です。

30〜40代の方は、年齢的にも若いので、資産を減らしてしまっても稼ぎ直せる可能性があります。その分、ある程度はリスクを取って投資することもできるでしょう。

たとえば、保有している3000万円の資産のうち、前述のように「6000万円」ぐらいはフィリピン株に入れてしまってもいいでしょう。

もちろんフィリピン株でなくてもいいのですが、新興国をはじめとするハイリスク・ハイリターンの銘柄に投資することで、資産の拡大を目指すことができます。

ちなみにこの場合の「ハイリスク」には、投資した資金がすべてなくなることも含みます。そんなことはほぼ起こりませんが、一方で、資産が2倍、3倍になることも十分にあり得ます。

フィリピン株に投資した以外の資金は、日本株や債券を買って再投資したり、一部は手元に置いたりしつつ、ポートフォリオを組んでいくとよいでしょう。

ハイリスク・ハイリターンができるのも、フィリピン株投資の特徴です。

■老後にかけてじっくり「資産1億円」を目指す

少し長い目で見てみると、30〜40代の人が資産3000万円で投資をはじめて、20〜30年で3倍にできれば、それだけで資産は約1億円です。老後の資金としては十分でしょう。

もう少し早めに資産1億円を達成して「FIREしたい」と考えている人もいると思いますが、あまり焦らないほうがよい結果につながりやすいと思います。

なぜなら株の取引は、いくら途中経過がよくても、「リーマン・ショック」などの世界的な経済危機によって一気に落ち込んでしまうことがあるからです。

30～40代の方で生活に余裕があり、仕事も忙しく順調なのであれば、おすすめは「ETF＋高配当株」の積立投資です。

かなり手堅いように思えるかもしれませんが、たとえば利回り10％の高配当株が仮にあったとして月に10万円ずつ積み立てていけば、積立額年間120万円に対して、単純計算すると年間で12万円近く配当金で資金が増える計算になります。

短期間で見ると株価が下がり、資産額が減ることもあるかもしれませんが、フィリピンの経済状況や成長率を考慮すると、株価がずっと下がっていくのは考えにくいです。いずれはフィリピンが東南アジアナンバーワンになる可能性もあるわけです。

少なくとも、株価が下がったときに高配当株を買っておけば、むしろ割安に株を買ったので配当金額は大きく増えます。

仮に1株100ペソ、1株毎に10ペソ／年の配当を出す株があったとしたら年利回り10％ですが、1株の価格が50ペソになれば、配当10ペソ÷取得価格50ペソで、配当利回りは年利回り20％になります。長期目線で見れば、株価が下がっても恐れずコツコツ高配当株を買い続ければ、配当利回りで資産は増え続けていきます。まさに「絶対負けない戦い」に参戦できるわけです。

リスクはその会社が倒産して株券が紙クズになるか、業績が悪化して配当が出ないケースですが、10％や15％の配当というのは、日本やアメリカでは考えられません。

忙しい人ほどETFや高配当株に積み立てていき、いわゆる「ドルコスト平均法」でコツコツ資産1億円を目指すのが王道でしょう。

■短期間でハイリターンを目指すには

他方で、「やっぱりハイリターンがほしい！」「どうしても早期にFIREしたい！」という方は、個別銘柄を買いましょう。

たとえばある銘柄に700万円投資して、その株が1・3倍になれば、資産は一気に900万円になります。フィリピン株で1・3倍はめずらしくないので、それを繰り返していけば早期に資産を増やすことも可能です。

銘柄によっては一日で8%上昇するものもあり、月単位で5%ずつ上昇している銘柄もあります。それが12か月続けば株価は1・6倍になる計算です。

そうした銘柄を狙えば、FIREできる日も近づくでしょう。

ただし、短期間でハイリターンを目指すには、投資に関する最低限の知識やスキルが必須です。財務分析やテクニカル分析はもちろん、少なくとも毎日1時間ぐらいは投資に専念する必要があります。

毎月5%増えるということは、5%減る可能性もあるということです。ですので、当然どの銘柄が黒字で、どの銘柄が赤字なのかを把握できるようにしておきましょう。

一方で、フィリピン株のプロはほとんどいないので、基礎的なテクニカル分析で十分太刀打ちできます。売買の仕方も、損切りのための「逆指値注文（株価が指定した価格以下になったら売り）」などをマスターしておけばよいでしょう。

ちなみに私は、フィリピン株をリスクごとにレベル分けしています。

最もリスクレベルが低いのは「ETF」で、その次が「高配当株」です。いずれも買ったまま放置しておける銘柄です。さらに個別の「大型株」や「中型株」と続き、最もリスクレベルが高いのは「ＩＰＯ（新規上場）」です。ＩＰＯは、１か月で１・５倍や2倍を目指すことも可能となります。

ただしＩＰＯまで狙うのであれば、やはり財務分析やテクニカル分析を学び、自分の頭で考え、売買して結果を出せるようにしておくべきだと思います。

ＩＰＯの大成功例といえば、２０２０年に上場したスーパーマーケットを運営するメリーマート（ＭＭ）が有名です。フィリピンはストップ高、ストップ安が±50％と値幅が大きいのが特徴ですが、上場直後から3日連続ストップ高、上場価格１ペソだった株価は、４日目には４・５ペソの高値を付け、４日間で４・５倍になりました。その後急落して、１株２・75ペソで終値としているので、正にジェットコースターのような値動きをしたわけですが、うまく売却すれば、短期間で大きく資産を増やすことができました。

反対に、２０２１年に上場した太陽光会社ＳＰニューエナジーコーポレーション（ＳＰＮＥＣ）は、１株１ペソで上場するも初日は売りが加速して瞬間的に０・74ペソまで株価が下落し、26％近く資産を減らすことになります。ところがそこから大きな買いが入り、初日は0・99ペソで終値を迎えました。しかし、その後めきめきと株価を上昇させ、約2か月後には、1株2・29ペソを記録します。上場時からは2・29倍、底値の0・74ペソからですと、約2か月で3倍近く上昇しました。

このようにIPOは大きく利益を出すこともできますが、SPNECのように初日に大きく株価が下がるなど、心を揺さぶるほど株価は非常に激しく動きます。

注意喚起のために、IPOの大きな失敗例も挙げておきます。オールデイマート（ALLDY）というコンビニ・小型スーパーが2021年に1株0・6ペソで上場しました。初日は激しい買い圧力により、トレード開始後わずか10分で、ストップ高1・5倍の0・9ペソまでこのまま浮上するかと思いきや、翌日の株価は下落しました。その後株価はずるずると下がり続けて、本書執筆時時点での株価は、0・13ペソ。約80％ほど価値を下げてしまいました。

株価が下がると初心者ほど、損切ができずに「いつか上がる」と持ち続けてしまいます。IPOは短期間で大きく稼げる可能性もありますが、このような銘柄を長期保有した場合、陽の目を見るには時間がかかる可能性があり、お金を失うだけでなく、大切な投資可能な期間を失うことにもなりかねません。

まともに勉強せずに、勘で手を出すと大きく損をする可能性もあるので十分ご注意ください。

最近のフィリピンのＩＰＯは、鳴かず飛ばずで上昇してもよくて初日＋５％前後の結果が続いていますが、２０２５年には大手通信会社ＧＬＯＢＥ（日本でいうａｕのような第２の携帯通信会社）の手掛けるモバイル決済「ＧＣＡＳＨ」のＩＰＯや、大手カジノソレアリゾートを運営するブルームベリー（ＢＬＯＯＭ）や湾港会社インターナショナルコンテナターミナル（ＩＣＴ）等の親会社のプライムインフラなど、有望株の上場が予定されています。公募価格や公募総額がまだ不明で、延期の可能性もありますが、期待できます。

年代別の投資法（50～60代）

次に「50～60代」について考えていきます。

この年代になると、「相続で3000万円ゲットした」ということも現実味を帯びてきます。それまで住宅ローンや教育費などでカツカツだった一方、余裕が出てくる頃でもあります。

ただし、出費が少なくなったからといって、いきなり高額の資金を投資に回すのは危険です。とくに投資経験がない方、かじった程度の方はなおさらでしょう。

相続などの、ある意味〝臨時収入〟的なお金こそ、慎重に取り扱う必要があります。宝くじに大当たりした場合などもそうですが、急に気が大きくなってしまい、無謀な投資をしてしまうケースが多いからです。

フィリピン株にしても、「この本に600万円って書いてあったから」と5つの銘柄を600万円ずつ計3000万円投資するのは、どう考えても危険です。

この年代の方は、老後のことも考えているかと思います。老後に夫婦で美味しいものを食べたり、家族旅行をしたりしたい方も多いはずです。

仮に、そのような生活をするのに必要な毎月の生活資金が月40万円だったとしましょう。年金が夫婦合わせて月20万円の収入だとしたら、差額の月20万円、年間240万円をどう埋めるかが問題になります。

それを株式投資で得るとしたら、手持ちに3000万円があるとするなら、年間240万円を生み出せればいいわけですね。単純計算で年8％がひとつのゴールです。

このように冷静に計算してみると無謀な投資を避けられるのですが、中には「とりあえず1000万円ほしい」「やっぱり1億にしたい」と考え、リスクの高いIPOにフルベットしてしまう人もいます。

それを避けるのが、50～60代の方における投資の基本です。

■トータルで「年間8％」増やしていく

大事なのは「トータル」で目標を達成することです。

フィリピン株だけでなく、日本株や不動産なども含めつつ、トータルで年間8％を実現できればそれで問題ありません。

全体のうちフィリピン株には余剰資金の2割ぐらいをあてて、年10％以上を目指します。一方、不動産や日本株は5％程度を目指すことで、トータルでバランスを取るのもよいでしょう。

少なくとも、リスクを取りすぎる必要はありません。現実的にトータルで8％を目指すべく、無理のない範囲で投資をすることが50～60代の方にはおすすめです。

「人生100年時代」という言葉もあるように、人生はまだまだ長いです。じっくり投資しつつ、フィリピン投資でリスクも取っていきましょう。

具体的には、ETFと高配当株を厚めに買いつつ、気になる大型株や中型株があれば少し買ってもよいでしょう。

たとえば10％の高配当株を持っていれば、それだけで年10％の利益が得られます。600万円投資していれば60万円です。もちろん単純計算にはなりますが、そういった株を黒字のときに安く買うことだけ意識していれば、基本ラインはクリアです。

あとは、定期的な情報収集を行いつつ、保有している企業の株が赤字になっていないかをチェックし、できるだけ好業績の企業を保有できるようにしましょう。

あとは、目標達成まで下手に動かないことです。ガチャガチャ銘柄を入れ替える必要もありません。

■さらに上を目指すには

さらに上を目指す場合であれば、30～40代の方と同じになりますが、これはもう勉強するしかありません。

時間があるのであれば、投資にかける時間をきちんと確保し、本気でプロのトレーダーになるぐらいの勢いで勉強することが大事です。

たとえば3か月など期間を区切ってテクニカル分析や財務分析をきちんと学び、600万円ではなく、10万円や20万円といった金額で何度も練習することです。

それで月に5％ぐらい稼げるようになってから、投資金額を増やして個別株をどんどん売買してみるとよいでしょう。

新しく何かを勉強するには、若い頃よりも大変かもしれませんが、月に30万とか40万稼ぐには、やはり最低限の努力が必要です。

同時に、情報収集や人脈などもつくりながら、それこそプロとして動けるようになれば、市場が将来有望なだけに結果を出しやすいと思います。

年代別の投資法（70代以降）

最後は、「70代以降」の方向けの投資法です。

この年齢の方は、まず守りを考えることが大切です。つまり「なるべくお金を減らさない」ということですね。

そのためには、300万円（総資産の10分の1）ぐらいでETFや高配当の株を買ったり、あるいは5％ぐらいの利子がつく定期預金や債券に入れたりするのもアリでしょう。

ちなみに、もしものことがあった場合も考えて、ご家族の方に「資産の一部はフィリピンにある」などと事前に伝えておいたほうが無難です。

加えて、資産の大半を「ペソ」で所有していると、いざというときに使いにくい可能性があるので、資産のバランスも考慮しておくようにするべきでしょう。

あとは、楽しみながら運用していけばよいのではないでしょうか。

70代以降は「増やす」というよりは「残す」というフェーズに差し掛かっているので、そのようなスタンスが基本になります。

フィリピンの定期預金は金利が高い！

定期預金と聞いて驚かれた方もいるかもしれませんが、フィリピンの預金金利は侮れません。それこそ、日本の70年代を彷彿とさせる水準です。

普通預金でも0・5％と日本の銀行よりはるかに高く、定期預金で2％前後、国債や社債は4～6％前後のものもあります。

そのため、資産を大きく増やさなくていいのなら、定期預金は積極的に活用していくべきでしょう。そのほうが、家族に残せるお金も増やせます。

また債券であれば、割安で買える「割引クーポン債」などもあり、5％割り引かれた債権を購入すれば、満期時正規値で買戻し（＋5％）されます。

そうしたものを活用し、確定利回りの配当生活を楽しむのもよいでしょう。

	日本の基本利回り	フィリピンの基本利回り
基本預金	0.001％	0.5％
定期預金（5年物）	0.01％～0.02％	2％
国債	0.01％	4％前後
上場企業の社債（5年物）	0.5％前後	6％前後

出典：https://lifeshift-ex.com/

ちなみに相続に関しては、海外に資産がある人が亡くなると、日本の税理士はほぼ対応できません。それで家族が困ってしまうケースがあります。

そうならないよう、銀行の口座は「共同名義」にしておくことをおすすめします。共同名義であれば、仮にお父様が亡くなられたとしても、死亡証明書を出すだけでお金は遺族に残せます。

家族にお金を残すために

お金を残すという意味では、「フィリピンの銀行って大丈夫なの？」「倒産したりしない？」という疑問をお持ちの方もいると思います。

その点では、あまり心配しなくても大丈夫です。

まず、フィリピンの口座にあるお金は日本で普通に使えます。銀行口座を開設するとデビット機能付きＡＴＭカード（VISAやMASTER CARD等）を取得できるので、それを使えばタッチ決済や日本のＡＴＭで出金なども行えます。日本の銀行と変わりません。

また、メガ財閥などが運営している大手の上場銀行などであれば、倒産する心配もほとんどありません。ちなみに銀行が倒産した際にフィリピン政府が保証・払い戻しをするペイオフ制度は一人50万ペソ（１３０万円）までとなっています。

その他の特徴として、フィリピンでは赤ちゃんでも銀行口座をつくれます。それこそ家族が口座を持っておけば、それだけペイオフの額も多くなります。

そのぐらいの金額であれば相続税もかかりませんし、相続対策としてもおすすめです。「とりあえず外貨を持っておく」という点でも使えます。

唯一の欠点は海外の銀行口座開設は年々難しくなっていて、フィリピンの滞在査証

（ビザ）や現地の住所がないと開設が困難で、書類を整えるには数か月のフィリピン滞在が必要です。一方、弊社の外貨預金勉強会であれば、入会特典で銀行口座開設をスムーズにサポートさせていただいておりますので、必要であればお声がけください。

口座開設も難しくなく、弊社経由であればサポートも行っています。「投資はちょっと……」と思う方でも、定期預金ならわかりやすいですし、金利も大きいのでぜひ積極的に活用してみてはいかがでしょうか。ちなみに現出版時点では、フィリピンの政策金利が過去最高金利であり、年利4・5％前後出す銀行もあります。

どのようにして子どもたちにお金を残すかは難しい問題ですが、日本の先行きを不安視するよりは、成長著しい国で投資したほうがよいと思います。

ハードルを低くして投資に取り組んでいけば、無理のない範囲で続けていくことができるでしょう。

フィリピン不動産について

最後に補足として、フィリピンの「不動産」についても触れておきましょう。

フィリピン株同様、フィリピンの不動産投資も非常に魅力があります。人口の増加や経済成長の影響が、そのまま不動産にも及んでいるからです。

日本とは異なり、物件価格が値上がりしやすく、とくにホテル系の物件であればほったらかしでも配当が入るという〝旨み〟があります。

それこそ持っておくだけで年金代わりになりますし、売却してキャピタルゲインも狙えるので、不動産に興味がある方にはぜひおすすめです。

また、日本の不動産投資とは異なり、まだ建設されていない「プレセール」の物件に投資することもできます。しかも、長いもので4～5年の分割払いもできます。

たとえば1000万円の物件を購入する場合、まず4年間で300万円支払います。月額換算だとわずか6万円です。その300万円を支払った後、残りの700万円を払うというスタイルです。

しかもプレセールの物件は、完成する前に値段が20～30％上がることもあり、そのまま売却して利益を得ることも可能です。

高配当株で配当を得ながら、そのお金を不動産投資に回したり積立投資したりすると、資産をどんどん増やすことができるでしょう。首都部マニラの不動産は十分高騰してきており、目利きが必要ですが、物件の収益を公平に分配するプロフィットシェアのホテルなどを選んでいただくと、安定的に収入を得られ、客付け管理に悩まないストレスフリーの配当生活を得られる可能性が広がります。

【Profile】

町田健登（まちだ・けんと）

栃木県出身、筑波大学卒業。大手人材企業の駐在員として2014年にフィリピンへ移住。独学でフィリピン不動産・株の勉強を開始し、現地金融・不動産ホールディングスへ転職。31歳時に純資産1億円達成。2020年ライフシフト合同会社を立ち上げ独立を果たす。2023年現在、フィリピン在住9年目のファイナンシャルプランナーとして活躍する傍ら、在日フィリピン商工会議所の理事、大妻女子大学大妻マネジメントアカデミーの講師として職域を広げている。勉強会（有料）の会員数は現在1000名を超え、セミナー累計5000人参加。フィリピンのホテルを10室保有、利回り8%で運用する不動産オーナーでもある。

2018年にアイアンマンレース完走、2020年にアフリカ最高峰キリマンジャロ山登頂等、冒険家としても活躍している。FP2級、TOEICT915点。著書に、『社畜会社員から資産1億円つくった僕がフィリピンの株を推すこれだけの理由』（ぱる出版／2022）（重版）・『副業時代に手堅く儲けるフィリピン投資入門』（幻冬舎）・『フィリピン不動産投資術～月6万円から始められる年利8％のホテル投資のコツ～』（ビジネス教育出版社／2023）（重版）がある。

ライフシフト合同会社
050-3580-5159
info@lifeshift-ex.com
https://lifeshift-ex.com/

X（旧Twitter）
https://twitter.comKentoMachida

Facebook
https://www.facebook.com/m.c.kento

YouTube
町田健登の世界ビジネスハント！
https://www.youtube.com/@businesshunting

読者特典

あなたにぴったりの投資方法がわかる
無料投資診断

診断はこちらから

ライフシフト合同会社の公式ラインに遷移します。

本書をご購入いただいた方だけにフィリピンの投資を中心とする特別なシークレットセミナー（オンライン開催）にご招待いたします

第4章

不動産投資

不動産投資コンサルタント　長野哲士

みなさんはじめまして。不動産投資コンサルタントの長《なが》野《の》哲《のり》士《お》と申します。

本章では、私が行ってきた「不動産投資」を中心に、資産運用のやり方やその要点について詳しく解説していきます。

まずは、不動産投資の現状を理解していただくために、私自身の経験を少しだけ紹介させてください。

不動産投資の戦略

私が最初に行ったのは、ＲＣマンション（ワンルーム）の区分所有でした。すでに入居者がついている、いわゆる「オーナーチェンジ」の物件です。表面利回りも27％と高く、立地もよかったことが決め手となりました。価格は１３０万円でした。

その物件は何の問題もなく家賃を生み出してくれていたのですが、不動産会社からアドバイスを受けて約5年後に売却。50万円プラスの１８０万円で売ることができました。５年間の家賃収入とあわせると、１３０万円が３６０万円になった計算です。

最初の物件を購入してから約1年後には、２軒目も購入しています。同じくワンルームマンションで、価格は200万円。銀行から融資（地銀のフリーローン）を受けて購入しています。こちらも順調に家賃が得られ、売却時に230万円で売れたのでキャピタルゲインも得ることができました。

3件目は平屋を購入し、4件目に1億円超えの1棟アパートを建設するなど、不動産投資家として順調にステップアップしていきました。公務員だったこともあり、金融機関も積極的に融資をしてくれたことが大きかったです。

それからは、土地を購入して新築アパートを建てるスタイルに落ち着いています。当初は税金等の知識がなく、痛い思いをしながら学ばせてもらったのですが、そのおかげで現在は不動産投資コンサルタントとして活動できています。

私の経歴をふまえると、土地を購入して1棟アパートを建てるスタイルが最も投資効率に優れ、リスクも少ない方法と言えます。

ただ現時点では、物価上昇の影響もあって建築費が高騰しており、なかなか利回りが出にくいのが実情です。

私自身は銀行から融資を受けてフルローンで物件を購入しており、レバレッジを効かせることで不動産投資を成功させてきました。しかし、金利も上昇しつつある今、金融機関によってはフルローンが難しいかもしれません。

そうした事情を加味し、本書では私自身の手法を紹介するのではなく、「3000万円あったらどんな戦略を練るか」という視点でお話していきます。

■3000万円あったらどういう戦略が有効か？

もし現時点で3000万円の資産から不動産投資をスタートするのであれば、私は「古い戸建てをリフォームして貸し出す」方法をおすすめします。

いわゆる「空き家」の活用です。空き家を購入してリフォームやリノベーションをして、賃貸として貸したり売却したりする手法です。物件によってはリフォームすらせず、ハウスクリーニングだけで貸せるものもあります。

じつは私も、今後はこのやり方を軸に不動産投資を展開していくつもりです。

ご存知の通り、現在は少子高齢化ということもあって全国で空き家が増えています。総務省の調査では、2023年10月1日時点でその数なんと900万戸。前回調査から51万戸も増えており、今後も増加のペースは加速していくでしょう。こうした状況をふまえると、「古い戸建てをリフォームして貸し出す」方法がおすすめです。

私が所有している戸建て物件は、じつはボロボロなものばかりです。都市部からは離れており、木造平屋で築年数もかなりのものですが、それでも満室で稼働できています。大分市内の物件ですが、近くに学校があったりスーパーがあったりなど、立地がよいのがポイントです。

また、そうした物件を「原状回復しなくてもいい」という条件で貸し出すと、店舗や事務所などで活用してくれる人もいます。古い家（古民家など）を改造してサロンやカフェにしたいという需要は一定数あるので、客付けもそれほど難しくありません。

ちなみに私の事務所は、原状回復不要の築50年の建物の一室です。そこをＤＩＹして使っています。ＤＩＹの知識や経験が身につくと、業者を使う必要がなくなり、コストを抑えて不動産投資をできるようになります。

■「古い戸建てをリフォームして貸し出す」方法の具体例

具体例を通じて、実際の数字を見てみましょう。

まず、物件を300万円前後で購入します。300万円前後の物件は地方に行けばたくさんありますし、200万円台や100万円以下のものもあります。「空き家バンク」https://www.akiya-athome.jp/ などでチェックしてみると、いろいろな物件があることがわかります。

その物件を、200万円の費用をかけてリフォームします。ここまでで約500万円の経費です。

1軒あたり500万円ということは、3000万円投資するとして6軒（ないし7軒〜）購入できます。それらの物件を家賃5万円で貸し出したとすると、6軒でも1か月の家賃収入（インカムゲイン）は30万円。年間では360万円になる計算です。

ちなみに利回りに換算すると、500万円の投資で年間の家賃が60万円なので、それぞれ12％になります。細かい諸経費を加味していない「表面利回り」にはなりますが、投資としては十分な数字です。

それらを5年間問題なく運用できれば、トータルの家賃収入は1800万円になります。その後は売却してしまってもいいので、1軒あたり300万円以上で売れれば、家賃以外に売却益（キャピタルゲイン）も得られます。

このように、インカムゲインとキャピタルゲインの両方を得られるのが不動産投資の魅力です。DIYなどでリフォーム費用を抑えつつ利回りを高くし、さらに入居者がいる状態であれば売却益も出やすくなります。売主によっては売り急いでいる場合があったり、値引き交渉がうまくいくこともあるので、より安く物件を仕入れることも可能です。

購入する物件の選び方について

物件の選び方については、「立地」が重要です。

たとえば1DKの物件を購入するとしたら、ターゲットは単身者がメインです。近くに会社や工場などの勤め先があったり、コンビニなどの商業施設があると、すぐに入居者が見つかります。

一方で、2LDKや3LDK以上の物件は、ファミリー向けです。お子さんがいることも多く、小中学校が近くにあるかどうかが重要です。学校に入ると引っ越しもしづらくなるので、一度入居してくれると長期間住んでくれる可能性が高くなります。

高齢の方が住む場合は近くに病院や役所があるなど、それぞれのニーズをふまえて物件をチェックするようにしてください。

このように、どのような人（年齢や家族構成など）をターゲットにするのかによって、選ぶべき立地が変わってきます。間取りから逆算しながら、周辺環境も考慮しつつ、より需要があると思われる物件を選ぶようにしましょう。

一方で、銀行が見るポイントは少し違っています。彼らが見るのは「土地の価格」です。土地の担保価値に応じて融資を判断するため、「土地値がどうなっているのか」「今後はどう推移していくのか」などをトータルで見ておくことが大事です。

入居者の想定と銀行の判断を両方ともふまえておけば、物件選びに失敗することも少なくなります。

「そんな物件あるの？」と思われる方もいるかもしれませんが、現在のように空き家が増えている状況なので、優良な物件も次々に出てきています。

■銀行融資の捉え方について

融資については、私の考え方なので、他の人達と異なるかもしれません。

自己資本比率を少なくする方が安全なので、頭金を多く入れるべきという説も多い中、私はなるべく多く融資を引くスタイルを取っています。それは私が専業大家でなく、他にも事業を営む兼業大家だからかもしれません。

いずれにせよ、融資が受けられれば、手元の資金を使うことなく不動産投資ができます。どうしても「ローンを組むのがこわい！」という人は手元資金を使ってもいいのですが、より資産を大きくしていきたいのであれば、やはり融資をうまく利用したいものです。

ちなみに融資を受ける際には、必ずしも「頭金」を入れなくてもよい場合があります。銀行としては、とにかくお金を入れてほしいと考えているため、「定期預金を契約する」ことを交換条件に交渉すれば、案外うまくいきます。

理想はフルローンですが、それが難しい場合には定期預金の交渉をし、それでもダメなときは頭金を入れるようにすると、手元の資金を使うことなく不動産投資を行えます。上手に融資を引き出しつつ、金融機関ともよい関係性を維持しながら不動産投資を行えば、資産はどんどん増えていきます。

収入が増えれば税金も多くなってしまうので、いろんな節税をしたくなります。しかし、不動産投資の場合、減価償却や損益通算で赤字を出す方法が代表的ですが、赤字だと銀行側の評価がよくないというデメリットもあります。

将来的に融資を活用しつつ資産を拡大して行きたい場合は、融資の状況も加味して戦略を練っていく必要があります。その段階になるとほぼ〝セミプロ〟に近づいているので、専門家に相談しながら進めていくほうがよいでしょう。

3000万円を頭金にするケース

次に紹介するのは、「3000万円を頭金にして融資を引き、新築、または中古の物件を購入する」方法です。

前項までに紹介した「古い戸建てをリフォームして貸し出す」方法は、基本的には3000万円という資金をそのまま使うものでした。後半で少し融資についても言及しましたが、そうでないパターンを基本としているため、ローンを組みたくない人にはおすすめです。

一方で、もっと大きな投資がしたい人は、3000万円を頭金にして融資を引く方法があります。それによって1億5000万〜3億円規模の物件も買うことができます。

融資を受けられる金額は金融機関によって異なるのですが、ここでは「頭金が2割必要な場合」と「頭金が1割でいい場合」の2パターンに分けて検討してみましょう。

■頭金2割必要な銀行の場合

頭金が2割必要な銀行の場合、3000万円の資金で借入額は1億2000万円になります。トータル1億5000万円の物件が買える計算です。

1億5000万円で利回り7％の物件を購入すると、月々の家賃収入は約87万円。35年ローンで金利が1・5％だったとすると、毎月の返済は約37万円となり、50万円弱が月の収入となります（ここから固定資産税などの税金、修繕費、火災保険を捻出する必要があります）。

収入としては大きいと思われるかもしれませんが、大きな投資をしているにしては実入りが少ないような気もします。私は、もう少しレバレッジを効かせたいと考えます。

■頭金が1割でいい銀行の場合

一方で頭金が1割でいい銀行の場合、3000万円の資金で借入額は2億7000万円になります。トータル3億円の物件が購入できる計算です。

3億円で利回り7%の物件であれば、月々の家賃収入は175万円。同じく35年ローンで金利が1・5%だったとすると、毎月の返済は約83万円となり、100万円近くが月の収入になります（前記と同様に、ここから固定資産税などの税金、修繕費、火災保険を捻出する必要があります）。

このぐらいのインパクトがあれば、3000万円を頭金にして投資しても十分に価値があります。返済しつつ月100万円得られる投資は、他になかなかありません。

以上のことから、頭金が1割でよい銀行が見つかり、かつ利回りが7%以上の物件が見つかれば、融資を引く不動産投資も選択肢に入れてよいと判断できます。

借金は大きければ大きいほどよい

一般的に、借金はあまりよいものとはされていません。借金で苦労したり、家族が離散したりなど、マイナスなイメージを持つ方も多いのです。

しかし、こと不動産投資においては、大きく借金すればするほど収入も安定し、むしろ安心材料になります。

それはリスクの点でも言えることで、たとえば5部屋しかない物件と50部屋ある物件では、当然後者のほうが収入も安定します。「空室」のリスクを分散できるからです。

また、サブリース（家賃保証）をつけておけば、一定の安定収入が見込めるため、その点でも高額な物件を購入したほうが得でしょう。

そのように不動産投資では、大きく借金して大きく稼ぐのが常識とされています。初心者の方は、実践しながらその感覚をぜひつかんでください。

■融資を受けられる条件ついて

銀行融資を受けられる条件については、まず「属性」が重要です。

属性とは、その人がどのような仕事についていて勤務年数がどのくらいあるのかや、年収、家族構成、居住環境、資産状況、借入状況などを含みます。とくに銀行としては、その人の安定性を主にチェックして判断します。

ただし人によっては、物件ごとに法人を設立して収入や決算状況を銀行に見せるなど、工夫して融資を引き出している人もいます。高度なテクニックにはなりますが、数十億規模の融資を受けるにはそのような「見せ方」もポイントになります。

銀行によっても見方は異なるのですが、東京の金融機関で借り尽くしてから大阪に進出する人もいて、よりよい条件を求めて不動産投資を続けている人もいます。

7%の利回りは妥当か？

事例では物件の利回りを7%に設定していますが、みなさんもひとつの基準にしてみてください。私が不動産投資をはじめた頃は、それこそ10%超えの物件もたくさんありました。今も中古であればそのような物件もありますが、都内の新築だと4〜6%前後が基本となります。事例のように資金に余裕があれば7%以上も十分に目指すことができます。

東京などの都市部では、物件が値上がりすることも期待できますが、地方の場合はキャッシュフローを得ながら少しプラスで売り抜けるぐらいのイメージを持つとよいでしょう。どちらを重視するのかによって、購入する物件も変わってきます。

たとえば、不動産投資サイトなどでは、利回りで投資物件を探すことができます。実際に見てみると数字はマチマチですが、7%台のものもたくさんあります。「東急リバブル（投資用）」の場合、掲載されている2848物件のうち、利回りが7%以上のものは706件該当しています（2024年7月時点）。

一方で、サイトに出ている物件は本当に〝おいしい〟物件ではありません。〝おいしい〟物件は事業者が自分で買って運用しているため、優良物件はなかなか出てきません。つまり、よい条件のものを見つけたいなら、不動産業者とつながっておくか、あるいは自分の足で探すしかないでしょう。

物件の中にはローンの返済で月に1～2万のマイナスになるものもあり、そのような物件を将来の値上がりを期待して買うケースもありますが、まずうまくいきません。やはり入居者を得た上できちんと利益が出るかどうかをふまえて、物件を選ぶのがベストでしょう。

優良物件の情報に関しては、各地域にある「大家の会」を利用するのがおすすめです。いろいろな人が集まっていますが、みんな大家として活躍していたり物件を探したりしているので、情報交換にはうってつけの場です。

大家の会は全国にあり、まずは近所や物件を購入するエリアで参加してみるとよいでしょう。ネットにはない情報に触れることで、より旬の情報を得やすくなります。そのほかの不動産投資系コミュニティにも、積極的に参加してみてください。

ちなみにネット上には、利回り計算ができるサイトなどもありますので、そういったものはどんどん使っていくとよいでしょう。情報を鵜呑みにするのではなく、自分で計算して確かめることも、不動産投資においては重要です。

〈利回りが計算できるサイト一例〉

- アットホーム https://www.athome.co.jp/contents/shikin/user_toushi/
- 不動産投資連合隊 https://www.rals.co.jp/invest/info.htm
- 堤エステート https://www.tsutsumi-estate.com/calc_yield/yield.htm

物件を高く売るには

物件を高値で売却するためには、いくつかのポイントを押さえておく必要があります。

一つ目は「物件の質」です。

広さや新しさなどがそうですが、入居者がほしいと思う条件が揃っているかどうかによって、物件の価格も変わってきます。築年数が新しいことは当然、売りやすい条件です。

二つ目は「立地」です。

同じく入居者にとっての利便性をふまえ、「駅徒歩○分」や商業施設状況、学校、病院、企業などの周辺環境が重要です。ちなみに国が出している「路線価」も国税庁のサイトなどでチェックできますが、そこを見る人はあまりいません。

その土地の人口や将来的な人口の推移予測などは、その立地の評価が決まる要素の一つです。

三つ目は「プラスの条件」についてです。たとえば「ペット可」であったり庭でガーデニングができたりなど、プラスアルファの要素があるだけで物件の価値も変わってきます。それらのアピールポイントは売り方に活用できます。

それ以外では、差別化を意識した施策を講じるのがおすすめです。たとえば、ペアガラスやキーレスキーの設置、宅配ボックス、あるいは家電の遠隔操作やＡＩを導入した最新のサービスなど、付加価値をつけるのです。

そうした付加価値の付与には費用もかかりますが、家賃を高くするうえで効果があれば、利回りにも影響するので、検討する余地があります。そして結果として、物件が高値で売却できれば問題ありません。あらかじめ収支のシミュレーションをして、何年後に元が取れるのかを計算しておくとよいでしょう。

■金利について

ローンを組む際には、自分で住む場合のローン金利と、不動産投資用のローン金利は異なります。中には住宅ローンを組んで投資をしてしまう人もいますが、金融機関を騙すことになるのでやめましょう。

2024年時点では、住宅ローン金利が変動で0・3％前後〜、固定で1％前後〜となっています。一方で不動産投資の場合は金利がもう少し高くなり、1％後半〜3％前後です。ただし、借り手によって金利は異なる場合があります。

今までは変動金利が多く選ばれていましたが、金利上昇が見込まれる現在は、一定期間固定金利（たとえば10年固定など）という選択も視野に入れる必要があるでしょう。私が固定金利で借りている地銀の場合1・3％です。かなり低いほうだと思いますが、1％台の後半であれば数字としてもそれほど悪くありません。もちろん、投資全体で評価する必要はありますが、事前に金利の目安も把握しておくと計画を立てやすくなります。

金融機関の探し方

銀行を探すとき、ローンが引けなかったらすぐに諦めてしまう人が少なくありません。一方で、たくさんの物件を保有している不動産投資家ほどいろいろな銀行に挨拶に行っており、親しくなるために努力をしています。それが非常に重要です。

足を使って銀行の人と話したり、一つの銀行で満足するのではなくどんどん開拓できたりする人ほど、融資の額も増えていきます。その理由は、銀行が加入している「保証協会」が関係しており、同じ保証協会に加入している銀行同士では「これ以上は貸せません」となってしまうからです。

それを回避するために、人によっては東京の銀行だけでなく大阪の銀行も開拓するなど、さまざまな工夫をしています。

また、金融機関ごとにもそれぞれの基準があり、たとえば信用金庫や信用組合であれば金利は少し高くなりますが、地銀などが引けない大きな融資をしてくれることもあります。彼らは「地域密着」というスタンスで融資してくれます。

このように都銀から地銀、信用金庫から信用組合まで、それこそすべての金融機関を回るぐらいの感じで開拓するのが理想です。ちなみに、メガバンクなどはほぼ大手企業などしか相手にしないので、そのあたりの感覚も行動しながらつかんでおくとよいでしょう。メガバンクは無理でも、地銀には全部あたってみることをおすすめします。

取引先がない場合、最初は苦労するかもしれませんが、不動産屋さんから銀行を紹介してもらうとうまくいくケースもあります。担当者もやはり人間なので、親しくなると融資を受けやすくなります。

銀行は足を使って開拓するのがベストです。それができるかどうかによって、どのくらい融資を受けられるのかが変わってきます。不動産投資家としてたくさんの物件を保有していきたいのなら、銀行をきちんと回るようにしましょう。

年代別のおすすめ不動産投資法

ここまで、大きく二つの不動産投資法を軸にお話ししてきました。

一つ目は「古い戸建てをリフォームして貸し出す」方法で、二つ目が「3000万円を頭金にするケース」です。それぞれ特徴はありますが、自分に合うと思うものを選択し、行動しながら不動産投資についての学びを深めていただければと思います。

以上の内容をふまえて、ここからは「年代別のおすすめ不動産投資法」について見ていきます。

■30〜40代向けの不動産投資法

30〜40代は、不動産投資をはじめるには一番よい時期です。長期でローンを組めることに加え、物件によっては年齢に制限があるケースもあり（RCなど）、できるだけ早い段階から不動産投資をはじめるのがベストです。

融資が引きやすいのは、ある程度の勤続年数と年収があるサラリーマンです。完済年齢は銀行によっても異なりますが、最近では84歳ぐらいまで延びているところもあるようです。40代の方でも十分に長期ローンが組めます。

フルローンが組めるのも30〜40代くらいまでです。フルローンを組んでレバレッジを効かせていきたいのなら、なるべく早く動き出すようにしましょう。できることはたくさんあります。ただし、子供の教育費など、これから必要となる出費も考慮に入れておくことが大切です。

3000万円を前提にした場合、そのうちのいくらを投資に回すのかについては、教育費などの出費もふまえつつ少なくとも半分の1500万円は不動産投資に回しながら、経験を通じて知識やノウハウを獲得して、残りはドル建ての安全な金融商品

（定期預金など）に投資するのがおすすめです。保険がついているものなどを選ぶとより安心です。

海外の金融商品も玉石混交なので、不安がある方は専門家に相談しながら投資先を検討するようにしましょう。

■50～60代向けの不動産投資法

84歳にローンを完済すると考えた場合、55歳の人は29年、60歳の人は24年が借入期間のマックスになります。また、新築を購入する場合には年齢制限があるケースが多く、50～60代の方はその点で選択肢が限られてきます。

中古物件の場合は、築年数によっても異なりますが、古い物件ほど融資期間が短くなる傾向があります。そのため年齢を問わず頭金が必要になったり、短期の融資になったりします。それをふまえたうえで計画を立てる必要があるでしょう。

単独でのフルローンは期待できませんが、金融機関によっては親子の「共同名義」

で融資を受けられる場合もあるので、年齢を重ねていてもチャレンジしてみる価値はあります。

3000万円の資金があるのであれば、二つ目に紹介した「3000万円を頭金にするケース」がおすすめです。ただ、年齢的にもどんどん物件を増やしていくというよりは、現金化のしやすさを意識したほうがよいかもしれません。攻めよりは少し守りに入っていくイメージです。

もちろん全額投資するのではなく、30〜40代より少し多めに、目安としては50代で2000万円、60代で2500万円くらいは不動産投資に回せるとよいと思います。日々の出費が少なくなり、かつ長期ローンが難しくなる分、自己資金を増やしていくのがポイントです。

■70代〜向けの不動産投資法

70代以降の方は、一つ目の「古い戸建てをリフォームして貸し出す」方法がおすすすめです。現金で一戸建てを購入するのならローンを組む必要はなく、年齢は問わないためです。現金で多く持っている方ほど、その一部を不動産に換えて運用するとよいでしょう。

とくに70代以降の方は、もしものことを考える必要があります。お金を残していても墓場までは持っていけません。したがって、自分のために使いながら人生を豊かにすることを優先するべきです。

そのためには、悠々自適にストレスなく暮らせる環境を構築する必要があります。

無理にキャッシュフローを溜め込む必要もありません。経費を除いた家賃収入を全部無駄遣いしてもいいわけです。「人生１００年」を超えて１１５歳まで生きたとしても、家賃収入があれば心配はいりません。

ちなみにローンを組んで不動産投資をしたい場合は、たとえばお子さんと一緒にローンを組み、「自分が死んだらプレゼントする」という前提で投資していくのもよいでしょう。それならキャッシュフローを出しながら遊ぶお金が入ってきつつ、子供には財産を残せます。

■不動産投資以外も検討する場合に考えておきたいこと

資産運用という観点から、年代ごとの留意点をあらためて確認しておきましょう。まず30代は、不動産投資だけでなく「副業」をするためにお金を使ったり、自分のスキルに投資したりすることも重要です。その後のリターンが大きくなるからです。また、30代に購入した不動産は40代以降に売却のチャンスが出てきます。つまり40代、50代になった時に大きく目を出すための種まきの時期になるわけです。

40代は、子供の大学進学等でお金が必要になる時期に差し掛かります。不動産収入など、毎月のキャッシュフローが生活を支えることにもなるでしょう。

ただ、年齢的にはまだまだ保身に走る必要はなく、いろんなチャレンジができる年代です。新しい物件を購入したり、日々の収入から積立などの資産運用をしたり、攻めと守りの両方を意識しながら計画を立てるとよいでしょう。

50代は、大きなチャレンジができる最後の年代です。人生100年時代と言われる現在では、まだまだ老後に大きなお金を必要とするので、仕事も資産運用も継続していく必要があります。この年代はなるべくリスクの少ないものを選んで、失敗の確率を下げる工夫が大切です。不動産投資においても、新しい物件を増やせますが、「現金化のしやすさ」を意識しておくとよいかもしれません。この時期は攻めより守りを固める時期になります。

60代は、不動産投資においては制限はあるものの、まだリタイヤするには早いので、資産を目減りさせない工夫が必要です。年金だけでなく、キャッシュフローを生む不動産があると心強いです。無理をしない、安全な資産運用を心がける時期です。

70代以降は、保有している資産に応じて、不動産を購入できるかどうかが決まります。現金を多く保有している場合は、その一部を不動産に換えてもよいかもしれません。この時期は、お金をどう使うかも大切です。お金を残したり、増やしたりするだけでなく、自分の人生を豊かにする「使い方」を考えるとよいでしょう。

【マインド編】

最後に「マインド編」として、不動産投資をする際に身につけておきたい〝心得〟を紹介していきます。

1．不動産投資に正解はない

前提として、不動産投資に正解はありません。「絶対に正しい」ということはないので、自分が許容できるリスクを見極めながら、その中でまずは小さく行動してみることが大事です。そうして情報を仕入れたり学んだりしながら、少しずつレベルアップしていきましょう。

2. 今できることを考える

不動産投資は経済情勢などに左右されやすいのが特徴です。だからと言って「将来こうなったらどうしよう」と考えても仕方がないので、今できることを考えましょう。すぐに物件を買えなかったとしても、銀行に行ったり不動産業者に相談したりすることはできます。今できることをしないと、現状はずっと変わりません。

3. 不動産投資には「向き不向き」がある

不動産投資は向き不向きがあります。単純にお金を増やしたい人よりも、建物や家に興味がある人のほうが楽しみながら投資を行えるでしょう。壁紙の色を考えたり、電気のスイッチプレートを選んだり、そういうことが好きな人は相性がよいのです。やはり、好きなことに投資し、そこからお金を得るのが一番です。

4. ふだんから不動産のポータルサイトをチェックしておく

買っても買わなくても、日常的に不動産のポータルサイト（アットホームやホームズなど）を見る習慣を身につけましょう。そうすると新しく出る物件に気づきやすくなります。不動産投資はタイミングが大事なので、よい物件が出たときには、すぐに問い合わせをして内覧できるようにしておくのがベストです。

5. 人脈をつくる

人脈で大きく変わるのが不動産投資です。銀行や不動産業者、建築業者（リフォーム）、便利屋（草刈りなど）、保険屋など、よい人との縁を大事にしていると不動産投資もうまくいくようになります。ただし、人によって持っている知識が全然違うので、大家の会に行くなどして、よりよい人脈を得る努力を続けることが大切です。

番外編
もし自由に使える3000万あったら自分ならどうするか？

最後に番外編として、もし自由に使える3000万円があったら、自分ならどうするのかを考えてみます。

まず、経済や税金などの法律が今のままだと仮定すると、不動産一択でよいと思います。それは、私自身が不動産投資で結果を出すことができているからです。

500万ぐらいの中古の戸建てを6棟以上購入して、30万円以上の家賃を得ます。

一方で、経済の変化や税金などの条件が変わってくることを加味すると、1000万円くらいは海外の不動産を購入したり、外貨で保有したりすることを考えるかもしれません。今よりさらに円安が進むということは、購入した不動産の価値も将来的に下がることになるからです。

株や債券などへの資産分散もリスクを減らすためには効果的でしょう。

もしくは、事業に出資したり、小さな事業を買って動かしてみたり、お金がお金を生む方法をいくつか考えると思います。

私は不動産投資を専業で行うのではなく、同時にビジネスも並行して行っているので、投資についてもビジネスについても、常に可能性とリスクを天秤にかけて判断しています。

脱サラを考えるなら、不動産を一つ購入し、空室リスクをカバーするためにローン金額分くらいのお金を副業で得ることも工夫の一つです。

経営者なら、コロナのような不測の事態を考慮して、事業の利益の一部を不動産投資へ充てるのもよいでしょう。

不動産投資は魅力的な投資ですが、それだけにとらわれないように、他の資産運用やビジネスなども幅広く考えてみてください。

中には「モチベーションが上がらない」という人もいますが、行動した結果として褒められたり成果が出たりすることでモチベーションは高まっていくものです。

リスクばかり考えて最初の一歩が踏み出せないと、モチベーションが上がらないのは当然です。

不安がある場合は、小さな金額の物件からスタートするのがおすすめです。いつしか、大きな金額のものにもチャレンジできるようになります。

不動産は知識が大きく影響する投資なので、しっかり勉強して、リスク分散も考えたうえでスタートしてください。

成功の反対は失敗ではなく何もしないことです。

私の経験が一歩を踏み出すきっかけになれば幸いです。

不安や疑問がある方は、ぜひお問い合わせいただければと思います。一緒に資産形成の第一歩を踏み出していきましょう。

【Profile】

長野哲士（ながの・のりお）

大学卒業後、1991年に地方銀行へ就職。翌年、国家公務員へ転職し、27年間勤務。在職中に不動産投資をはじめるが勉強不足から多くの失敗も経験する。

資産構築のためには「知識」が大切なことを実感し、不動産だけでなく、思考法の勉強などもはじめる。

2018年の11月に早期退職し、会社設立。SNSやメルマガなどで不動産投資や脱サラ起業の経験を発信しはじめる。

セミナー講師としての活動もスタートし、不動産投資家の方々とのコラボセミナーも多数実施。脱サラしたい人や資産構築したい人からの相談を受けるようになり、2022年には、コミュニケーションのスキルを向上させるためにコーチングを学ぶ。「不動産投資」に加えて、再現性のあるビジネスを実践することで、自分らしい理想的な働き方の実現を提唱している。

現在は5億の不動産物件を所有する傍ら、複数の事業を立ち上げ、拡大中。夫婦、娘2人、娘婿2人の合計6人がみんな経営者という環境の中で、一人一人の可能性を応援し合う家族でのビジネススタイルの確立を目指している。

著書に『サラリーマンが不動産投資に最適な10の理由』（マネジメント社）がある。

インスタグラム
https://instagram.com/nagano.oita?igshid=ZjE2NGZiNDQ=

公式LINE
https://lin.ee/wobcvZB

メルマガ
https://resast.jp/subscribe/106097

第5章

オフィスビル投資

㈱アグノストリ代表　青木　龍

はじめまして、私はオフィスビル投資を主とした総合的な不動産投資・資産運用支援サービスを提供している（株）アグノストリの代表の青木と申します。

本書籍の編集者様が、「実際に投資できる属性は限られています（会社経営者が中心）が、オフィスビル投資が最強と考えていますので、是非本書に参画してください」とおっしゃってくださいましたので、読者のみなさま全員向けの内容ではありませんが、出来得る限り読者様にとっていい情報を提供できるようお話させていただきます。

また、20〜30代向けの投資というエリアでは、会社経営者だけでなくてもはじめられるSOHO物件の話をさせていただきました。

オフィスビル投資とは

本章で紹介するのは「オフィスビル投資」です。

オフィスビル投資とは、不動産投資の中でもとくに「オフィスビル」に投資するもので、1棟丸ごと買うだけでなく、区分所有（フロアや部屋毎）として購入するものも含みます。

場所にもよりますが、1棟丸ごと買う場合には、いわゆる「Cグレード（フロア面積が20坪以上100坪未満）」のビルでも10～20億円、安いものでも5億円は見ておく必要があります。

一方で区分所有であれば5000万～1億円前後のものもあり、金融機関からの融資を前提にすると1000~3000万円の資金で購入できます。

本書の前提が「資産3000万円」なので、オフィスビル投資の中でも区分所有がメインとなります。

オフィスビル投資の優位性は「安定性」にあります。事業として見たときに、いわゆる「事業所」の安定性は他と比べて圧倒的に高く、それは歴史的にも証明されています。

たとえば、財閥系の企業をイメージしてみてください。三井、三菱、住友など、彼らが行っている事業の中核はビルの開発や賃貸業であり、それは大きなくくりで見るとオフィスビル投資に他なりません。

東洋経済の2024年6月の記事では、賃貸不動産の「含み益」が多い順にランキング形式で紹介されています。含み益は、株価を純資産を割って計算するPBR(株価純資産倍率)に反映されないので見逃されがちなのですが、その金額は決してあなどれません。

同ランキングによると、1位は三菱地所の4兆6338億円で、2位は住友不動産の3兆7367億円、3位は三井不動産の3兆2626億円とされています。つまり、それだけの金額が時価総額に反映されないまま、各社を盤石に支えているというわけです。(https://toyokeizai.net/articles/-/764981?page=2)

彼らが保有する資産のポートフォリオを見ると、事業系の不動産がほとんどなのですが、彼らが売上を取りに行くために開発するのは住居系が主流です。つまり、事業系の不動産(オフィスビル)を基盤としつつ、事業は住居系不動産の開発・売却で成立しているというカラクリです。

そうした事実をふまえ、安定性の高いオフィスビルに投資することで安定的な収入を確保していくのが、オフィスビル投資の醍醐味です。

オフィスビル投資の優位性について

オフィスビル投資の優位性は、「需要と供給のバランス」からも明らかです。物の価値を決める要因に需給バランスがありますが、高い値段で取引される対象は需要が多くて供給が少ないものです。その点、オフィスビルは供給が限られているという特徴があります。

一方で、一般向けの不動産は供給過多です。日本人は新しいものを好むので次々に建設されてはいますが、人口が減少しているのにもかかわらず供給は止まりません。制度上の問題もありますが、その結果、価値が上昇していくケースは少ないでしょう。

私が推奨しているのは中規模のビルなのですが、大手が持っている「インテリジェントビル」と呼ばれるようなものではなく、基準階が20～30坪、大きくても100坪未満のものです。こうした中小規模のビルはここ20年、供給が非常に少なくなっています。

株式会社を設立しやすくなったこともあり、中小企業の数は増えていますし、小規模の事業者も含めれば、その数は今後も増えていくと予想されます。つまり賃貸ニーズは増えているのにもかかわらず、供給は限定的なのが実情です。

さらにオフィスビルは、安定性が高いので担保価値も高く、投資対象としては非常に優れています。歴史的に証明されていることに加え、現代でもその優位性は変わらず、オフィスビル投資はやはり優れた投資先の一つです。

分散させることのメリット

区分投資と1棟投資のどちらかを選択する場合、私のおすすめは区分投資です。1棟丸ごと買うよりも、区分を10戸持ったほうがリスクを分散できるからです。

これはオフィスビル投資に限ったことではありませんが、資産は分散させるのが基本です。預金にしても一つの銀行に置いておくのではなく、複数の銀行に預けておいたほうがペイオフの観点からも安全です。

また、オフィスビル投資に関しては「再開発」のメリットもあります。

分散して所有しておくことで、そのうちの一つが再開発案件になった場合、価値が大きく跳ね上がる可能性があります。その確率を高めるという意味でも、オフィスビルの分散投資はおすすめです。

再開発による価値の上昇は非常に大きく、ピンキリではありますが、3～4倍以上にもなることがあります。たとえば坪300～400万円くらいの駅徒歩5分圏内のビルを購入し、そのエリアに再開発がかかると坪1600万円になることもあります。当然、条件によっても変わってくるのですが、再開発にはそれほどのインパクトがあります。

また賃料に関しても、30年前と今では物価（建築コスト）が異なるため、新築になればば賃料も上がります。加えて、規模が大きくなればなるほど不動産の価値も上がるので、「隣地は借金してでも買え」や「隣地は三倍出してでも買え」と言われるほど開発によるメリットは非常に大きいのです。

ちなみに、所有している物件が再開発の対象にならなくても問題ありません。たとえば隣のビルや斜め向かいのビルで再開発が発生した場合でも、物件の価値は上がります。周辺の土地値が上がることによって影響を受けるからです。

融資はどのくらい引けるのか

他の不動産投資と同じように、オフィスビル投資でも銀行から融資を受けて投資するのが基本です。とくにオフィスビルは高額な物件も多く、融資を受けるための「銀行対策」が重要になります。

具体的には、銀行の担当者が稟議を通しやすい理由を用意できるかどうかがポイントです。稟議を通すだけの大義名分が必要です。

たとえば、あなたが1億円の物件を購入しようとしたとします。担当者が課長代理とか主任レベルだった場合、審査を通すには上司に話を持っていかなければなりません。そこであなたが「投資目的で購入したいので審査をお願いします」と言うと、まず融資は通りません。なぜなら銀行は「投資」という言葉を嫌うからです。

投資ではなく、「減価償却によって節税したい」「相続税対策のため」「事業承継の対策として」などの理由を用意しておくべきでしょう。また法人であれば、「今はテナントが入っているけど、抜けたあとに自社ビルとして使いたい（設備投資）」というのも一つの選択肢です。そのような表現に変えるだけで銀行の反応が変わり、融資がつくかどうかも左右されます。

ただし、フルローンで買うのはほぼ無理です。よいケースでも物件化価格に対して1割、つまり1億の物件であれば1000万円の自己資金を用意し、残りをファイナンスでやっていくのが基本的なスキームです。

平均すると30％ぐらいは自己資金を用意しておいたほうがよく、悪い場合で50％ぐらいでしょうか。ですので、なるべく自己資金を抑えたい方は、銀行に対して何か投資以外の目的を伝えられるように準備しておきましょう。

私のお客様の多くは企業の経営者ですが、中には士業の方もいます。ある40代の税理士の方が2億円の物件を買おうとしたとき、奥様が保育所をやっていたので、「テナントが抜けたらそっちで使いたい」という理由で融資を受けられました。

三拍子揃ったオフィスビル投資の利点

オフィスビルは「次世代に残していく」ための資産として、事業承継対策にも適しています。具体的には、次のような条件を備えています。

①安定的な事業ということが歴史的に証明されている
②今後のポテンシャルも非常に高い
③かつ流動性もある（売りたいときに売れる）

まさに、「事業承継対策をしたい」「相続対策をしたい」と考える経営者にとって望ましい条件が揃っているわけです。

また、融資付けの大義名分としては二つあります。

一つが「入居者が抜けたら自分たちで使う」というもので、もう一つは「株価対策」です。これは相続対策と全く同じ考え方なのですが、儲かっている会社の株価はどんどん上がります。それを子供に引き継ぐ場合、譲渡税などの問題が発生します。

一方で、うまく借入を使いながら不動産に投資すれば、固定資産税評価による「圧縮効果」を生み出せるため、事実上は譲渡税が発生しない形で次世代にバトンタッチすることが可能です。こうしたスキームの活用は、銀行が喜ぶ大義名分でもあります。つまり、「儲かっている会社が節税という大義名分のために融資を受ける」というわけです。そのようにファイナンスを組んで次世代にバトンタッチできる状況を作るのが、50～60代のオフィスビル投資における王道です。

補足として、オフィスビル投資における株価対策の本質についても触れておきましょう。

譲渡税で苦しむ経営者は非常に多く、このような株価対策は事実として行われているのですが、本質はそこではありません。

世代交代によって社長が変わるわけですが、とくに中小企業は社長の属人性が強く、それによって会社のカラーも変わります。具体的には、従業員に対する求心力や取引先や銀行の対応も変わってくるのです。

世代交代が売上・利益に直結することになるのですが、場合によっては状況が悪化してしまうこともあるでしょう。一気に赤字に陥るかもしれません。

一方で、オフィスビルを所有していれば、安定した収益が確保できているため、誰が社長になっても安定的な売上・利益に貢献してくれます。その状況をつくることこそ、オフィスビル投資の本質なのです。

株価対策はあくまでもオプションであり、本業以外の営業外収益がある程度まとまった形で入るようにしておくことが、本章で紹介するスキームの根幹にあります。

年代別オフィスビル投資法

ここからは、年代別のオフィスビル投資法を紹介していきます。他の章とは少し分類を変えて、「20～30代」「40代」「50～60代」「70代～」の四つに分けて紹介します。

■20～30代は「SOHO」を狙う

オフィスビル投資は、他の投資と比べて必要となる資金が多いことです。そのため20～30代で「ザ・オフィスビル」を買うのは難しいでしょう。

本書では3000万円の資産を保有していることが前提なので、頭金が30％だったとしても、1億円のオフィスビルを買うには全額投資しなければなりません。リスク分散の点からもそれは避けるべきです。

そこでおすすめなのが、SOHO（Small Office Home Office）可能なレジデンス（住宅）です。いわゆる「スモールオフィス」の需要を狙うわけです。

一般的なマンションは、管理組合の規定で「事業での使用を禁止」しているケースが多いものです。ただ、中には許可しているものもありますので、そこを狙います。

価格の目安としては5000万～6000万円前後のイメージですが、一般的なオフィスビルより安く、またあくまでもレジデンスなので銀行の融資も通りやすい。自己資金が10％でよい銀行を見つけられればかなり余裕があります。

しかもターゲットは小規模とはいえ法人なので、一般の入居者より平均入居期間も長く、安定的な収益を確保しやすくなります。

そもそも私が考えるオフィスビル投資の基本は、会社を経営している人が、不動産によって「営業外収益」を確保することにあります。

本業とは別のところで収入が得られるようになれば、事業全体の安定性も向上します（もちろん節税などの効果も発生します）。

それを応用すると、「オフィスビル投資で不労所得を得る」ことも可能となります。ただ、とくに20～30代の人は、無理に不労所得を求めるフェーズではないと思います。不労所得は「労働所得」を突き抜けられた人がたどり着ける場所なので、若手の経営者にしても、まずは自分の事業できちんと成果を出すべきでしょう。

もちろんこれは経営者に限った話ではなく、不労所得を得たいのなら、労働所得の部分でそれなりに結果を出して収入を得たり貯金したりしてから向かったほうがよいでしょう。そのほうがお金の扱い方も上手になりますし、社会の仕組みがわかるからです。

その点をふまえて、もしオフィスビルに投資するのならＳＯＨＯ一択です。

■ＳＯＨＯ物件の探し方

ＳＯＨＯ物件の探し方は、住宅と同じです。おすすめの立地は都心がメインになりますが、すでに法人が借りている物件であれば狙い目です。また、ＳＯＨＯが可能かどうかは管理規約に書かれているので、そちらもチェックしておく必要があります。

「SOHO　レジデンス」などのキーワードで検索するだけでも、該当するものがいくつか見つかりますので、まずはその中から条件のよさそうなものを探してみましょう。

賃貸ニーズとして、SOHOを借りる法人は個人事業主に毛が生えたようなものです。私自身がそうだったのでわかるのですが、経営者は「パリッとしたザ・オフィスビルを借りなくてもいいけど、自宅マンションだとしょぼいよね」と考えています。そうは言っても、シェアオフィスなどは長い目で見ると割高なので、普通のマンションと同じぐらいの家賃で長期的に借りられるSOHOレジデンスが得策と判断するわけです。

イメージとしては社員5人ぐらいまででしょうか。そういうニーズは賃貸物件にしろ売買物件にしろ調べれば出てきます。

資金として使えるのは、3000万円のうち1000万円ぐらいまででしょうか。自己資金が1割でよければ5000万円のものを2軒、2割なら1軒購入できます。

あとはマインドの問題になりますが、1軒だと入居者がいない場合家賃もゼロになるので、そのリスクは検討しておくべきです。

ただし、最初からいくつも買うと失敗しやすいので、きちんとSOHOとして稼働するかどうかを確認しながら、少しずつ物件を増やしていくのがベストでしょう。

過去に新橋エリアのSOHO可能なビルを扱ったことがあるのですが、立地もよく、飛ぶように売れていたのを記憶しています。

融資を引くための大義名分としては「親の相続対策」や「事業承継」などがよく使われますが、そうした事情がない人には使いにくい材料です。

自己完結できる説得材料としては、個人事業主的な立ち位置の人が「入居者が抜けたら自分で使います」などが挙げられます。

40代からはじめるオフィスビル投資の要点

40代で3000万円の資産がある方は、事業がうまくいっているケースが多いです。ただ、私生活でも出産や育児、あるいは教育費などの出費がかさんでくるので、「コケるわけにはいかない」「より事業を安定させたい」という意向も強い。そのためには、本業以外の柱として、安定的にインカムゲインを得られる状況を構築することが重要です。そこで、投資先としてオフィスビルを検討することになるわけです。

私のクライアントであれば、40代で年収2000万のビルメンテナンス会社社長がいます。彼が購入したのはワンフロアの事務所でした。

自己資金は約3000万円で、購入した物件の価格は1億円。つまり約30％を頭金として残りは銀行から融資してもらいました。

銀行融資を引く際の大義名分は「新規事業の立ち上げ」です。それが会社の運転資金として借りる「プロジェクト融資」に該当するのかどうかはともかく、不動産投資以外の大義名分がくっつくと銀行側もお金を出しやすくなります。

とくに40代の社長は、IT系でバリバリ経営している人はむしろ少数派で、先代から会社を引き継いでいたり、店を守っていく役割を担っていたりするケースが多いのです。税理士や弁護士など、士業の方にもそういう人がいます。

そのような方は、「相続対策」や「事業承継」などの名目の方が銀行を説得しやすいでしょう。もちろん新規事業の立ち上げでもいいのですが、会社の状況や自身の立ち位置をふまえて、より説得しやすい材料を用意しておくとよいでしょう。

同社はこの投資のおかげで、安定した家賃収入を得られるようになり、また優良な資産を手にすることができました。会社として求めていた「営業外収益」を実現できました。

50〜60代はオフィスビル投資で「株価対策」をする

50〜60代の方は、経営者として最も〝脂が乗っている〟時期です。会社の舵取りも板についてきて、個人としても経営者としても円熟していく時期です。

一方で10年後を見据えると、自身の引退や後継者のことも考えはじめなければなりません。これまでのように経営に邁進するだけでなく、自分と会社の将来も深く検討していく必要があります。

いずれの場合も「今後も継続する会社にする」という点では共通していることもあり、そこで安定的なオフィスビルへの投資を検討する人も多いのです。

とくに、儲かっている会社の選択肢は二つあります。

一つは「M&A（合併・買収）」で、もう一つはオフィスビルに投資してビルを保有することです。いずれも、会社を大きくしていくことにつながります。

私自身、オフィスビル投資はM&Aと同じ感覚で捉えています。つまり、そのビル（会社）の価値が上がるようであれば「買い」ですし、そうではなければ「買わない」と判断するわけです。株式投資なども同じ発想で、意思決定のベースは〝業績〟です。

ただ多くの人は、こと不動産になるとその概念が外れてしまいます。「現在の賃料がこうで、価格はこう。この水準なら間違いなく上がるだろう。この売買単価なら損をすることはない」と考えるべきなのに、そういう視点で捉えられないのです。

それは銀行も同じで、一般的な住居と比べて、オフィスビルには融資がつきにくいという現実があります。

そのようなマーケット環境だからこそ、いろいろなところでプライシングミスが起こるわけです。つまり、割安で放置されている物件が多いわけです。

それを見つけて購入しようと考えるのは非常に合理的ですし、50代の経営者もそうした状況を見越してオフィスビル投資を検討しはじめることが多いのです。

一つの事例としては、ビルのワンフロアを購入したケースがあります。

価格は7000万円なのに対し、頭金は1500万円。購入資金の20％で済みました。しかも坪単価が約230万円と周辺に比べて安く手に入れることができています。

家賃は月36万円だったので、年間約400万円のインカムゲインを得ることができます。ちなみに3年後に売却したのですが、売却価格は1億円と3000万円のプラスです。3年間の家賃収入と合わせるとトータル4200万円の収益を得ることができました。

70代以降は「相続対策」が基本

70代以降は、社長であっても会社のことではなく、個人の問題がベースになります。50代からイケイケで事業をされてきた経営者も、概ね60代の半ばぐらいには、実態としてもマインド的にもリタイアされている方がほとんどです。

そのためテーマは個人に移るのですが、やはり「相続対策」でオフィスビルに投資する人が多いです。

保有している資産やどのくらい相続対策をしたいのかによって区分なのか1棟なのかも決まってくるのですが、こと相続を考えると「安定収入の確保によって子供たちが喜ぶ状況をつくる」ことを考えている人が多いようです。

そのため、1億円前後の区分をあちこちで持っているケースがよく見受けられます。そうした状況にするには、やはり50～60代の頃からオフィスビル投資を仕掛けていくのが基本であり、70代以降はそれを相続対策として運用していくのが現実的だと思います。

【Profile】

青木龍（あおき・りゅう）

株式会社 Agnostri（アグノストリ）代表取締役社長。1989年、東京都出身。22歳で事業系不動産に特化した不動産売買の会社に就職。中小企業の経営者をターゲットに、ビル売買の営業開拓を実施。その後大阪支店・名古屋支店の立ち上げに携わる。最終的に東京で課長職に就任。会社員時代は1人で50億円を販売しトップセールスに。2018年に独立し、東京都千代田区に株式会社 Agnostri（アグノストリ）を設立。会社設立後、年間200億円ほどの売買を締結。2022年よりメディアへの露出も積極的に行う。

株式会社 Agnostri（アグノストリ） HP
https://agnostri.co.jp

読者特典

実際の投資事例を
あなただけに公開します

事例はこちらから

https://agnostri.co.jp/

読者特典受取パスワード：ag2501

おわりに

本書を最後までお読みいただき、誠にありがとうございました。

巷にはＮＩＳＡやｉＤｅＣｏなど、投資に関する話題がたくさんあります。

あふれる情報にふれる中で、投資のことがむしろ「よくわからなくなってしまった！」という方もいると思います。

事実、投資の勉強は多くの人にとってあまり馴染みがなく、すぐに理解できなかったり難しく感じられたりすることもあります。

ただし、そんな自分を責める必要はありません。

それが普通ですし、最初はそれでまったく問題ありません。

むしろ、投資の勉強をする中で自分なりに「楽しい！」と思うポイントを見つけ、できることから実践していけばいいのです。

少なくとも、学校の勉強のように「つまらないなあ」「わからないなあ」と思いながら無理に行うのではなく、ワクワクしながらはじめるのが継続のコツとなります。

「まずはネットで検索してみようかな」
「関連する雑誌を読んでみようかな」
「専門家が主催するセミナーに参加してみようかな」

などの方法で学びを深めてもいいですし、

「証券口座を開設してみようかな」
「まずは小さく投資してみようかな」
「両親に勧めてみようかな」

など、具体的な行動につなげるのもよいでしょう。

どんなことでもかまいません。本書で学んだこと、感じたことを少しだけ発展させて、投資を身近に感じられるようなスタートをぜひ切ってみてください。

実際にはじめてみると、「結構カンタンなんだ！」「やればできるんだ！」と思うことも多いでしょう。

本書に登場した先生方も、初めから投資に精通していたわけではなく、学びと実践によって成果を上げています。

さまざまな投資家のアドバイスを通じて、あなたの投資に対する意識やイメージが少しでも変化したとしたら、それが最初の一歩となります。

投資の世界に〝王道〟はありますが、絶対的な〝正解〟はありません。あなたの資産は、あなたのやり方で築いていくことが唯一の方法となります。

本書に書かれていることも、そのための指針やヒントとして捉えてみると、より世界が広がるのではないでしょうか。

投資の〝門戸〟は開いています。はじめようと思ったときがタイミングです。

投資の王道に「長期・積立・分散」という言葉もありますが、コツコツ続けることで、ぜひ大きな資産を築いていただければ幸いです。
そのために、本書が少しでも役に立ったとしたら、総編集者としてとても嬉しく思います。

山中　勇樹

カバーデザイン　飯田理湖
本文デザイン・DTP　坪内友季
総編集　山中勇樹

3000万円を持っている人の投資術

2025年 1月20日　初版　第1刷発行

著　者　町田健登　長野哲士　青木龍　FP Sakiko　隆佑
発行者　安田喜根
発行所　株式会社 マネジメント社
東京都千代田区神田小川町 2-3-13（〒101-0052）
TEL　03-5280-2530（代）　FAX　03-5280-2533
ホームページ　https://mgt-pb.co.jp
印　刷　中央精版印刷株式会社

ISBN 978-4-8378-0528-1　C0033